AF426186

Read What
Others Can't
Master Your Social and
Communication Skills
- I J Nayak

Διαβάστε τι δεν μπορούν οι άλλοι

Κατακτήστε τις κοινωνικές και επικοινωνιακές σας δεξιότητες

I J Nayak

Ινδία

2023

ΠΕΡΙΕΧΟΜΕΝΑ

Θα ήταν υπέροχο αν οι άνθρωποι μπορούσαν να καταλάβουν τι συμβαίνει μέσα στον εγκέφαλό μας - ένα από τα πιο περίπλοκα όργανα που επινοήθηκαν ποτέ - όπου διαμορφώνονται μεγάλες ιδέες και καινοτομίες. Δεν θα ήταν υπέροχο αν ακόμη και οι επιστήμονες και η τεχνολογία μπορούσαν να ξεκλειδώσουν τα μυστήριά του -- ένα αναπόσπαστο εξάρτημα που δεν έχει ισοδύναμο αντικατάσταση στις μηχανές σήμερα;

Τι συμβαίνει λοιπόν μέσα στον εγκέφαλό μας;

Θα μπορούσε κανείς να υποστηρίξει ότι το να γνωρίζουμε τι πιστεύουν πραγματικά οι άνθρωποι θα βοηθούσε στη βελτίωση των επικοινωνιών και θα μας προστατεύσει από πιθανούς κινδύνους. Το να διαβάζεις ανθρώπους μπορεί να ακούγεται αδύνατο, αλλά μπορεί να αποδειχθεί κρίσιμο για την εξάλειψη των δεύτερων εικασιών ή της λανθασμένης κρίσης σε καθημερινές καταστάσεις με συναδέλφους, αγνώστους και αγαπημένα πρόσωπα.

Τι χρειάζεται για την ακριβή ερμηνεία των ανθρώπων; Στην ιδανική περίπτωση, τα φανταχτερά πτυχία θα παρείχαν επαρκή γνώση της εσωτερικής λειτουργίας του. Διαφορετικά, μπορεί να εξαρτηθεί από τις διαισθητικές δυνάμεις που κληρονομήθηκαν από τους γονείς ή από κρυμμένα μυστικά που χρειάζεται να ξεκλειδώσει κανείς - πιστεύω ότι όλοι οι παράγοντες παίζουν ρόλο.

Ακόμη και με όλα τα βιβλία που έχουν γραφτεί ποτέ για τη λειτουργία του εγκεφάλου, η ακριβής ανάγνωση των ανθρώπων παραμένει αδύνατη. Τα καλά γονίδια ή τυχόν κορυφαία μυστικά που αποκαλύπτονται μέσω της αναζήτησης Google δεν θα βοηθήσουν επίσης. για να κατανοήσει κανείς πραγματικά τις εσωτερικές λειτουργίες κάποιου απαιτεί επιστήμη - η κατανόηση του γιατί οι άνθρωποι σκέφτονται αυτό που κάνουν και αντιδρούν πώς κάνουν είναι τα κλειδιά για την κατανόηση ενός άλλου ατόμου.

Η αποκρυπτογράφηση προσεκτικά φυλαγμένων μυστικών απαιτεί γνώση, παρατήρηση και κατανόηση των γεγονότων καθώς και ισχυρές διαισθητικές δυνάμεις για να καταλήξουμε σε ακριβή συμπεράσματα. Το πιο σημαντικό, όμως, είναι να βρεις την κατάλληλη κατεύθυνση και να ξεκινήσεις το ταξίδι!

Και αυτό το βιβλίο περικλείει αυτόν τον σκοπό. Αναλύει την επιστήμη σε διαχειρίσιμα κομμάτια για να δώσει στους αναγνώστες όλες τις πληροφορίες που χρειάζονται για να διαβάσουν τα μυαλά με εύκολο και ενδιαφέρον τρόπο. Όλα τα χρόνια που διδάσκω στους ανθρώπους αποτελεσματικές τεχνικές επικοινωνίας, έχω καταλάβει ότι οι πληροφορίες που δεν ωφελούν άμεσα τον σκοπό κάποιου μπορούν γρήγορα να γίνουν άχρηστες - ενώ γνωρίζω τι συμβαίνει στην αριστερή πλευρά του εγκεφάλου σας όταν σχεδιάζετε ένα πουλί με το δεξί χέρι μπορεί να είναι συναρπαστικό, γίνεται άσκοπο αν δεν προγραμματιστεί να σχεδιάσετε μαζί του στο μέλλον.

Ως εκ τούτου, έχω επιλέξει προσεκτικά επιστημονικές πληροφορίες που είναι προσαρμοσμένες ειδικά για τον σκοπό σας να διαβάζετε το μυαλό άλλων ανθρώπων. Απέφευγα τη σύνθετη ορολογία και έμεινα σε αυτό που είναι ουσιαστικό: απλά ευρήματα με σαφείς εξηγήσεις.

Αλλά αυτή είναι μόνο μια πτυχή της ανάγνωσης του μυαλού. υπάρχουν τόσα άλλα. Υπάρχουν τα μυστικά, οι αυτοαξιολογήσεις, τα διακριτικά σημάδια και τα επικοινωνιακά κόλπα που μπορεί κανείς να χρησιμοποιήσει για να γίνει ένας πιο συντονισμένος ακροατής. Χρησιμοποιώ την αναλογία του ανατέλλοντος ηλίου όταν διδάσκω τους μαθητές να κατέχουν οποιαδήποτε τέχνη.

Ρωτώ τους μαθητές μου τι ώρα ανατέλλει ο ήλιος κάθε πρωί. Όσοι ξυπνούν νωρίς έχουν κάποια ιδέα πότε ανατέλλει ο ήλιος, σε σύγκριση με εκείνους που κοιμούνται αργά. κανείς δεν μπορεί να δώσει ένα ακριβές λεπτό, καθώς κανείς δεν έχει αρκετά κίνητρα ή αρκετά παρατηρητικός για να γνωρίζει ακριβώς πότε. Λοιπόν, τους κάνω μια άσκηση - κάτι που σας ενθαρρύνω να κάνετε και μόνοι σας τώρα.

Φανταστείτε να κάθεστε στο μπαλκόνι σας κάθε πρωί πριν ανατείλει ο ήλιος και να διαβάσετε μια εφημερίδα πίνοντας καφέ - θα ήταν εύκολο για εσάς να μάθετε πότε ακριβώς βγήκε ο ήλιος; Η απάντησή σας μπορεί να είναι πιο ακριβής, καθώς το να είστε εκεί όταν συνέβη δίνει μια καλή κατανόηση του "παραθύρου του χρόνου".

Φανταστείτε να κάθεστε σε ένα μπαλκόνι στραμμένο προς τα ανατολικά, να ατενίζετε την ακριβή τοποθεσία όπου ανατέλλει ο ήλιος, να παρακολουθείτε τη ζεστασιά του να βάφει τον ουρανό με χρυσές αποχρώσεις στον ορίζοντα και μετά να ελέγχετε αμέσως το ρολόι σας. η ακριβειά σας θα ήταν ασυναγώνιστη εκείνη τη συγκεκριμένη ημέρα, επειδή είχατε γνώση από πού προέρχεται και ήσασταν επικεντρωμένοι στο έργο σας. Η διαίσθησή σας θα έμπαινε επίσης, επιτρέποντας ακριβείς εκτιμήσεις ακόμη και χωρίς άμεση παρατήρηση - θα ξέρετε ακριβώς πότε θα ανατέλλει ο ήλιος παρά τις διαρκώς εναλλασσόμενες ζώνες ώρας!

Τώρα, αν ρωτούσα μια τάξη μαθητών τι ώρα ανατέλλει ο ήλιος, εκείνοι που είχαν δεσμευτεί πραγματικά να τον ανακαλύψουν θα έδιναν την πιο ακριβή απάντηση. Έτσι ακριβώς λειτουργεί η ανάγνωση μυαλού. Απαιτεί γνώση, παρατήρηση και εκτίμηση ότι κάθε άτομο σκέφτεται διαφορετικά, επομένως δεν υπάρχει λύση "ένα μέγεθος για όλους" που να ισχύει.

Η κατανόηση όλων των παραγόντων που εμπλέκονται όταν παρατηρείς κάποιον απαιτεί γνώση και δέσμευση. Χρειάζεστε μια σταθερή στρατηγική για να σας κατευθύνει προς τη σωστή κατεύθυνση - εκεί έρχεται αυτό το βιβλίο - σας παρέχω όλα όσα χρειάζεστε για να γίνετε έμπειρος αναγνώστης.

Αυτό το βιβλίο καταρρίπτει μύθους και αναξιόπιστες πληροφορίες που είναι διαθέσιμες στο διαδίκτυο σχετικά με τους ανθρώπους που διαβάζουν. Για παράδειγμα, το να έχεις διπλωμένα τα χέρια μπορεί να σηματοδοτεί αμυντικότητα. αλλά σε ένα κρύο δωμάτιο ή σε μια καρέκλα χωρίς χέρια, αυτή η συμπεριφορά θα μπορούσε απλώς να οφείλεται σε περιβαλλοντικές επιρροές και όχι σε χαρακτηριστικά της προσωπικότητας.

Η πίστη ή η ανάγνωση τυχαίων, αβάσιμων «γεγονότων» είναι και περιττή και επιβλαβής. Το να διαβάζεις λάθος ανθρώπους είναι χειρότερο από το να μην τους γνωρίζεις καθόλου! Το διάβασμα μυαλού δεν περιλαμβάνει κατασκοπεία ή παρεμβατικότητα - μάλλον περιλαμβάνει την κατανόηση του τι πραγματικά εννοεί κάποιος όταν μιλάει ή επικοινωνεί μαζί μας. Η κατανόηση των σκέψεών τους μας δίνει τη δυνατότητα να συνειδητοποιήσουμε τα συναισθήματά τους όταν ανταποκρινόμαστε.

Γεγονός είναι ότι μόνο το 7% της επικοινωνίας πραγματοποιείται προφορικά - το υπόλοιπο πραγματοποιείται μη λεκτικά. Η ανάγνωση μυαλού περιλαμβάνει την κατανόηση του τι βιώνει κάποιος άλλος γνωρίζοντας τις πραγματικές του προθέσεις πίσω από αυτά που λένε σε σχέση με αυτά που δεν έχουν ειπωθεί - κάτι που αυτό το εξαιρετικά κατατοπιστικό και καλά ερευνημένο βιβλίο παρέχει κάτι περισσότερο από μια απλή θεωρητική προσέγγιση στην ανάγνωση μυαλού.

Αυτό το βιβλίο προσφέρει στοχευμένη γνώση και κατανόηση, ανέκδοτα από τις δικές μου εμπειρίες και μάθηση, και μια πλήρη ολοκληρωμένη προσέγγιση που δεν αφήνει κανένα βήμα πάνω σε ό,τι αφορά την κατανόηση του ανείπωτου κόσμου. Θα εξετάσουμε επίσης διαφορετικούς τύπους προσωπικότητας, κίνητρα και στόχους, ώστε να μπορείτε να κατανοήσετε πώς ακριβώς σκέφτονται ορισμένα άτομα, γιατί επικοινωνούν με τον τρόπο που κάνουν και πώς μπορείτε να επιτύχετε προσωπικούς στόχους μέσω των μηνυμάτων τους - ας προχωρήσουμε τώρα.

Τι είναι το Mind Reading; Με την πρώτη ματιά, το διάβασμα του μυαλού μπορεί να φαίνεται ότι είναι κάποια μορφή μαγείας ή ανήθικης πρακτικής για να διεισδύσει στις προσωπικές σκέψεις των ανθρώπων και να τους καταστρέψει. Το να ξέρετε ότι κάποιος μπορεί να διαβάσει το μυαλό σας πιθανότατα θα προκαλούσε συναγερμό, ανεξάρτητα από την κατάσταση της σχέσης σας μαζί του. Το να γνωρίζουμε ότι είχαν τέτοια δύναμη θα μπορούσε να μας κάνει να φύγουμε τρομοκρατημένοι - δεν θα μπορούσε ποτέ να υπάρξει μεγαλύτερη υπερδύναμη από το να γνωρίζουμε όλα όσα συμβαίνουν μέσα στο μυαλό μας! Αλλά στην πραγματικότητα πρόκειται περισσότερο για κατανόηση παρά για εισβολή.

Η ανάγνωση μυαλού έχει να κάνει με τη δημιουργία αυτοπεποίθησης όταν μιλάτε σε κάποιον, γνωρίζοντας ότι το μήνυμά του δεν θα παρερμηνευθεί ή θα παρεξηγηθεί. Η ανάγνωση μυαλού μας δίνει τη δυνατότητα να κατανοήσουμε ανείπωτα λόγια και να ενισχύσουμε την επικοινωνία μεταξύ των εμπλεκόμενων μερών - μια ανεκτίμητη ικανότητα που θα σας επιτρέψει να δημιουργήσετε ισχυρότερες συνδέσεις τόσο σε επαγγελματικό όσο και σε προσωπικό επίπεδο.

Οι αγαπημένοι μας άνθρωποι τείνουν να είναι εκείνοι που μας ακούν προσεκτικά και μας καταλαβαίνουν. άνθρωποι όπως ο παιδίατρος ή ο οδοντίατρος που ήξεραν πότε το "είμαι καλά" δεν ακουγόταν πολύ σωστό. άγνωστοι στα λεωφορεία που καταλάβαιναν πότε αλλάζαμε σωματικό βάρος, εγκαταλείποντας θέσεις όταν ήταν απαραίτητο.

Αυτοί οι άνθρωποι ακούν, παρατηρούν και κατανοούν τις ανάγκες και τα συναισθήματά μας με συμπόνια και κατανόηση. δεν είναι παρεμβατικοί, αλλά παρέχουν ανεκτίμητη υποστήριξη. Οι δυνάμεις τους περιλαμβάνουν το να γνωρίζουν ακριβώς τι πρέπει να γίνει, καθώς και να έχουν τις δεξιότητες που απαιτούνται για να χτίσουν μακροχρόνιες σχέσεις μέσω αυτής της σχεδόν υπεράνθρωπης ικανότητας - ακριβώς με τον τύπο των ανθρώπων που κρυφά θα θέλαμε να μοιάζαμε περισσότερο - δεν γεννήθηκαν με αυτήν την ικανότητα, αλλά μια συνειδητή απόφαση να έχουν μεγαλύτερη επίγνωση των άλλων γύρω τους.

Οι αναγνώστες του μυαλού γνώριζαν πόσο σημαντική ήταν η αποτελεσματική επικοινωνία. καταλάβαιναν ότι ο αποτελεσματικός διάλογος απαιτούσε βαθιά ακρόαση και σε βάθος κατανόηση των όσων ειπώθηκαν πέρα από τα λόγια. Έδωσαν την ίδια προσοχή στη σιωπή, τον τόνο, τα κίνητρα, τις προθέσεις των ομιλητών καθώς και την επίγνωση του περιβάλλοντος και των ανθρώπων τους, ενώ κοιτούσαν πέρα από τις προκαταλήψεις, τις κρίσεις και τους περιορισμούς για να αξιολογήσουν τις συνομιλίες για να συναγάγουν κρυμμένες αλήθειες - σε αντάλλαγμα κερδίζοντας εμπιστοσύνη, κατανόηση του σεβασμού ως καθώς και τη λήψη καλύτερων κρίσεων και αποφάσεων τόσο σε επαγγελματικό όσο και σε προσωπικό επίπεδο.

Η ανάγνωση μυαλού είναι σαν να έχεις κάποιον να σου μεταφράσει μια ξένη γλώσσα. Θα μπορούσαν να το κάνουν κυριολεκτικά ή να εξηγήσουν το κίνητρό τους πίσω από ορισμένες ξένες λέξεις που ειπώθηκαν.

Οι άνθρωποι που διαβάζουν δεν είναι απλώς μια άλλη τέχνη ή κόλπο που χρησιμοποιείται για να εισβάλει στην ιδιωτική ζωή κάποιου. μάλλον είναι μια τέχνη που σέβεται τα συναισθήματα και τις σκέψεις ενός ατόμου.

Το να μάθετε πώς να διαβάζετε ανθρώπους είναι ένας από τους καλύτερους τρόπους για να διασφαλίσετε ότι οι συνομιλίες κυλούν ομαλά και διεξάγονται σε πλήρη κύκλο. Οι δεξιότητες ανάγνωσης μυαλού θα αφαιρέσουν τυχόν εικασίες κατά τη διάρκεια των συνομιλιών και θα τις αντικαταστήσουν με στοιχεία κατανόησης, συμπόνιας και οικοδόμησης σχέσεων. Οι ικανότητες ανάγνωσης μυαλού μπορούν να αλλάξουν σημαντικά τις αλληλεπιδράσεις σε εκδηλώσεις δικτύωσης, συναντήσεις στο χώρο εργασίας ή όταν συναντάτε κάποιον που βρίσκετε ιδιαίτερα ελκυστικό. Οι ικανότητες ανάγνωσης μυαλού θα μπορούσαν να έχουν απίστευτη επίδραση στα αποτελέσματα των αλληλεπιδράσεων μεταξύ δύο ατόμων.

Η ανάγνωση μυαλού είναι μια τέχνη που απαιτεί εις βάθος γνώση σχετικά με τον τρόπο λειτουργίας του ανθρώπινου εγκεφάλου, διανοητική παρουσία, αποφυγή κρίσεων και παρατηρήσεων - αλλά το πιο σημαντικό περιλαμβάνει τη δημιουργία του ιδανικού συνδυασμού όλων αυτών των απαιτήσεων για την κατανόηση των σκέψεων κάποιου άλλου, ανεξάρτητα από το ποιος είναι, η προσωπικότητά τους ή η κατάσταση της σχέσης σας μαζί τους.

Η ανάγνωση μυαλού είναι ένα σε βάθος θέμα, επομένως θα καλύψουμε κάθε πτυχή ξεχωριστά προτού παρέχουμε στρατηγικές για το πώς να εφαρμόσουμε αυτές τις ιδέες για να δημιουργήσουμε το τέλειο περιβάλλον για ανάγνωση μυαλού!

Το πρώτο μέρος καλύπτει όλα όσα χρειάζεστε για να ξεκινήσετε αυτό το ταξίδι κατανόησης των ανθρώπων και της επικοινωνίας. Περιγράφει τι μπορεί να αναμένεται όταν προσπαθούμε να διαβάσουμε ανθρώπους και τα λάθη ή τα εμπόδια που μπορεί να συναντήσουμε όταν προσπαθούμε να ερμηνεύσουμε αυτό που επικοινωνεί κάποιος άλλος. Επιπλέον, αντιμετωπίζει ορισμένες από τις προκλήσεις που αντιμετωπίζουμε σήμερα σε μια διαρκώς εξελισσόμενη αρένα των επικοινωνιών.

Το δεύτερο μέρος εξερευνά οτιδήποτε σχετίζεται με το μυαλό μας. Περιγράφει πώς λειτουργεί ο εγκέφαλός μας και προσδιορίζει τις ατομικές διαφορές ως γενετικές. Επιπλέον, αυτό το μέρος θα σας βοηθήσει να αποκτήσετε μια εικόνα για το γιατί οι άνθρωποι συμπεριφέρονται με συγκεκριμένους τρόπους και εξερευνά διάφορους τύπους προσωπικότητας - ώστε να μπορείτε να βλέπετε τους ανθρώπους πιο αντικειμενικά και να τους κρίνετε καλύτερα.

Το τρίτο μέρος εστιάζει σε εσάς και σε αυτό που φέρνετε στο τραπέζι. Υπάρχουν δύο κύριες πτυχές για να κατανοήσεις κάποιον: να γνωρίζεις τον τρόπο σκέψης του και να κατανοήσεις τον δικό σου. Δυστυχώς, τα ψυχικά εμπόδια συχνά μας εμποδίζουν να κατανοήσουμε σωστά κάποιον. Η δική μας τάση να κρίνουμε γρήγορα και να αντλούμε υποθέσεις με βάση προσωπικές προκαταλήψεις, μας εμποδίζει να κατανοήσουμε σωστά τους άλλους.

Το Τέταρτο Μέρος συνεπάγεται τη λήψη όλων όσων έχουμε μάθει μέχρι τώρα και την εφαρμογή αυτών των αρχών στην πράξη. Εδώ θα ανακαλύψετε μικρά μυστικά και στρατηγικές για το πώς μπορείτε να συμπεράνετε το αληθινό νόημα πίσω από τις λέξεις, να εντοπίσετε απάτες και να αποκτήσετε πλήρη κυριαρχία στο μυαλό κάποιου άλλου.

Περιττό να πούμε ότι ξεκινάτε ένα πλήρες βιβλίο και μια περιεκτική πηγή για να γίνετε αναγνώστης ανθρώπων βαθμού αξιωματικού έρευνας.

Η έναρξη οποιουδήποτε νέου ταξιδιού απαιτεί την κατανόηση των κινήτρων του για τη δράση που αναλαμβάνεται και γιατί συμβαίνουν ορισμένες συμπεριφορές. Πρέπει να ξέρετε γιατί το διάβασμα μυαλού είναι απαραίτητο και να προβλέψετε τυχόν προκλήσεις μέσω της διαδικασίας του. γιατί αυτό που εκφράζεται δεν μεταφράζεται άμεσα;

Όχι πολύ καιρό πριν, η επικοινωνία περιελάμβανε το να κάθεστε πρόσωπο με πρόσωπο με ένα άλλο άτομο με τα μάτια κλειδωμένα μεταξύ τους και να έχετε αρκετό χρόνο για να μιλήσετε και οι δύο και να ακουστεί. Ωστόσο, με την πάροδο του χρόνου, οι μέθοδοι επικοινωνίας έχουν αλλάξει σημαντικά - ενώ οι νέες μορφές επέτρεψαν τις παγκόσμιες αλληλεπιδράσεις, μειώνουν επίσης τις ποιοτικές αλληλεπιδράσεις λόγω του multitasking που λαμβάνει χώρα ταυτόχρονα με τη συνομιλία μεταξύ σας. Αυτό σημαίνει ότι οι συνομιλίες έχουν χάσει την αξία τους.

Έλλειψη χρόνου

Ο χρόνος μας είναι συνεχώς στη γραμμή. Αν και οι σημερινές τεχνολογίες μάς προσφέρουν κάποια ανακούφιση - τα προμαγειρεμένα γεύματα μπορεί να μειώσουν τον χρόνο φαγητού σε δευτερόλεπτα ανά γεύμα και οι εικονικές συναντήσεις συχνά προγραμματίζουν συσκέψεις εν πτήσει για εξοικονόμηση χρόνου - οι καφέδες έχουν γίνει εν κινήσει και οι επικοινωνίες συχνά χρονολογούνται γύρω από λίστες διανοητικού ελέγχου που έχουμε δημιουργήσουμε στο μυαλό μας.

Πέρασαν οι μέρες της μακρινής επικοινωνίας που περιορίζουν την αλληλεπίδραση

Οι εποχές που είτε επικοινωνούσαμε αυτοπροσώπως είτε γράφαμε μακροσκελείς επιστολές που μπορεί να χρειαστούν μήνες για να τις στείλουμε, έχουν παρέλθει προ πολλού. όταν κάθε λέξη μετρούσε για κάτι στο τελικό της σχέδιο. Στις μέρες μας, η επικοινωνία παίρνει πολλές διαφορετικές μορφές - κάτι που συχνά περιορίζει την αλληλεπίδραση.

Σήμερα υπάρχουν πολλά μέσα επικοινωνίας με ένα άλλο άτομο: τα email, τα μηνύματα κειμένου, οι αλληλεπιδράσεις στα μέσα κοινωνικής δικτύωσης, οι φωνητικές σημειώσεις, οι βιντεοκλήσεις και οι τηλεφωνικές κλήσεις είναι μόνο μερικές μέθοδοι που έχουμε στη διάθεσή μας για επικοινωνία. Η συνάντηση με κάποιον πρόσωπο με πρόσωπο έχει ως επί το πλείστον αντικατασταθεί με συσκέψεις Zoom ή βιντεοκλήσεις καθώς τα θέματα που συζητήθηκαν έχουν μετακινηθεί στο διαδίκτυο - το σημαντικότερο μειονέκτημα είναι ότι αυτές οι μορφές ψηφιακής συνομιλίας περιορίζουν τη συνολική εμπειρία διαλόγου.

Τα μηνύματα κειμένου δεν μας επιτρέπουν να μετρήσουμε με ακρίβεια τον τόνο και τις εκφράσεις του προσώπου κάποιου, επομένως η απάντηση με μονολεκτικές απαντήσεις μπορεί να οφείλεται σε πλήξη, διαφωνία ή απόσπαση της προσοχής από την επικοινωνία με πολλά άλλα μέρη ταυτόχρονα.

Μια συνέντευξη που πραγματοποιείται μέσω τηλεφώνου περιορίζει την ικανότητά σας να κατανοήσετε πώς ένας υπεύθυνος προσλήψεων λαμβάνει και επεξεργάζεται τις απαντήσεις σας. Δεδομένου ότι δεν υπάρχει αλληλεπίδραση μεταξύ σας και αυτών, η ακριβής κατανόηση των άλλων μπορεί να γίνει όλο και πιο δύσκολη.

Συνομιλητές μέσων κοινωνικής δικτύωσης

Η ανωνυμία μπορεί να είναι μια απίστευτη δύναμη. σας δίνει τη δυνατότητα να γίνετε αόρατα κυρίαρχοι ενώ σας δίνει τη δυνατότητα να ακουστεί η φωνή σας χωρίς ευθύνη. Το να δίνεις στους άλλους πρόσβαση σε αμύθητα πλούτη χωρίς περιορισμούς από τους ελέγχους διαβατηρίων είναι σαν να έχεις φτερά χωρίς περιορισμούς για το πού ή πότε πετάς.

Περιορίζεται μόνο από την ταχύτητα πληκτρολόγησης, η ανωνυμία πληκτρολόγησης σας κάνει να πείτε πράγματα που διαφορετικά δεν θα μπορούσατε ποτέ να πείτε απευθείας σε κάποιον προσωπικά.

Οι τυχαίες σκέψεις γίνονται απόψεις, οι οποίες στη συνέχεια μετατρέπονται σε συζητήσεις. Ποτέ δεν ξέρεις αν το άτομο που επικρίνει το χτένισμά σου δεν του αρέσει πραγματικά ή απλώς είχε μια κακή μέρα για τα μαλλιά. Η ελευθερία του λόγου τους καθιστά αδύνατη την κατανόηση του τρόπου με τον οποίο οι άνθρωποι σκέφτονται και αντιλαμβάνονται συγκεκριμένες πληροφορίες.

Παγκόσμιες επικοινωνίες μεταξύ πολιτισμών

Δεν επικοινωνούμε πλέον μόνο εντός των τοπικών μας κοινοτήτων, τώρα που οι επιχειρήσεις και οι σχέσεις εκτείνονται στα σύνορα. Οι πολιτισμοί έχουν αναμειχθεί καθώς οι τρόποι αλληλεπίδρασής μας έχουν εξαπλωθεί παγκοσμίως - αυτό που θεωρείτο συμπεριφορά σεβασμού από τη μια άκρη μπορεί τώρα να θεωρηθεί προσβλητική σε μια άλλη γωνία. Η επιβίβαση θα πάρει χρόνο καθώς προσαρμοζόμαστε και αποδεχόμαστε αυτές τις διαφορές μεταξύ μας, ενώ μαθαίνουμε πώς να συνυπάρχουμε και να επικοινωνούμε πιο αποτελεσματικά πέρα από τα σύνορα.

Όχι μόνο πρέπει να ξεπερνάμε τα γλωσσικά εμπόδια, αλλά συχνά, μπορεί να είναι απαραίτητο να αποδεχτούμε ότι η αδιαφορία ενός άλλου ατόμου για την οπτική επαφή μπορεί να μην οφείλεται σε πλήξη αλλά μάλλον σε σεβασμό. Με τον καιρό πρέπει να αναπτύξουμε έναν αμοιβαία αποδεκτό τρόπο επικοινωνίας μεταξύ των πολιτισμών.

Καθώς αυτές οι παγκόσμιες επικοινωνίες γίνονται όλο και πιο σημαντικές, τα αποτελέσματά τους γίνονται αισθητά πιο έντονα στο σπίτι. συχνά οδηγεί σε σύγχυση και σοκ παρά στην αδυναμία των ανθρώπων να κατανοήσουν τους άλλους.

Πριν από πολύ καιρό, οι συζητήσεις επικεντρώνονταν στο κυνήγι, την οικογένεια, τα παιδιά και την επιβίωση. Αν και οι συζητήσεις επικεντρώθηκαν σε αυτά τα θέματα, τώρα υπάρχουν τόσα πολλά που μπορούμε να συζητήσουμε - από τις τράπεζες και τις επενδύσεις μέχρι τον αθλητισμό, την τεχνολογία και ακόμη και την ψηφιοποίηση, υπάρχουν τόσα πολλά θέματα και υποθέματα που θα μπορούσαν να συζητηθούν εκτενώς.

Τα ενδιαφέροντα δεν ήταν ποτέ τόσο διαφορετικά. Η διατήρηση συνομιλιών μεταξύ τους μπορεί να είναι μια εξαιρετικά δύσκολη πρόκληση. Το μυαλό σας μπορεί να περιπλανηθεί εύκολα όταν μιλάτε με κάποιον του οποίου τα ενδιαφέροντα διαφέρουν σημαντικά από τα δικά σας. Αυτό οδηγεί σε σύγχυση και παρερμηνείες των πράξεων, καθιστώντας την ανάγνωση του μυαλού κάποιου ακόμα πιο δύσκολη από πριν.

Καθώς ο κόσμος μας αλλάζει γρήγορα, μπορεί να είναι δύσκολο να συμβαδίζουμε με την ταχεία πρόοδό του και να διεξάγουμε ουσιαστικές και παραγωγικές συνομιλίες με ανθρώπους. Προκειμένου να γίνει αυτό με επιτυχία και να τα διαβάσετε με ακρίβεια, είναι απαραίτητο να παραμείνετε εν όψει αυτών των παραγόντων ενώ εξελίσσεστε με ίσο ρυθμό.

Τι χρειάζεται για να αποκτήσετε μια καταπληκτική δουλειά; mes Εάν επρόκειτο μόνο για τους βαθμούς του σχολείου και του κολεγίου, δεν θα ήταν καν απαραίτητες οι προσωπικές συνεντεύξεις. Έχετε λάβει ποτέ μια προσφορά αφού απλώς περιηγηθήκατε στα προφίλ του LinkedIn πιθανών υποψηφίων θέσεων εργασίας και εντυπωσιαστήκατε από τις τρέχουσες θέσεις εργασίας; Αυτό είναι πολύ απίθανο. Τα πτυχία δεν υποδεικνύουν πάντα εάν κάποιος είναι ιδανικός υποψήφιος.

Οι επιχειρήσεις ενδιαφέρονται βαθιά για τη νοοτροπία, τις συνήθειές σας και το πόσο καλά ευθυγραμμίζονται οι σκέψεις και οι αξίες σας με εκείνες της εταιρείας - μια πτυχή που μεταφέρεται και στη ζωή. Για παράδειγμα, όταν επιλέγετε έναν σύντροφο ζωής δεν είναι απλώς να αναζητάτε κωμικούς. Αντίθετα, θα πρέπει να βρείτε κάποιον με τον οποίο μοιράζεστε παρόμοια κατανόηση για το πώς λειτουργεί ο κόσμος μέσω μη λεκτικών μέσων, όπως το άγγιγμα των χεριών.

Είναι αλήθεια ότι η ζωή και οι άνθρωποι μπορεί συχνά να είναι πολύπλοκοι. κανείς δεν έρχεται με μια εύκολη απάντηση όταν πρόκειται για επικοινωνία ή κοινωνικές σχέσεις. Κανένα προειδοποιητικό σημάδι που να μας ειδοποιεί για ψέματα, κακοποίηση ή συμπεριφορές εκφοβισμού δεν είναι πάντα ορατό στην επιφάνειά του. Οι μελέτες της ανθρώπινης φύσης έχουν οδηγήσει σε πολλές αξιοσημείωτες αποκαλύψεις. Υπάρχουν μοτίβα στη λεκτική και σωματική συμπεριφορά που αποκαλύπτουν αυτές τις αλήθειες με αξιοσημείωτη ακρίβεια, που συχνά μελετώνται προσεκτικά από επαγγελματίες αφοσιωμένους στην κατανόηση αυτής της πτυχής της ύπαρξής μας. Τα άτομα σε τέτοιους ρόλους περιλαμβάνουν μυστικούς πράκτορες, ψυχολόγους, ερευνητές, συμβούλους και ενόρκους. Η μελέτη των ανθρώπινων προτύπων τους επιτρέπει να προσδιορίσουν γρήγορα εάν κάποιος είναι ειλικρινής, κρύβει μυστικά ή εμπλέκεται σε εγκληματική συμπεριφορά - βοηθώντας τους έτσι να κάνουν πιο ορθές κρίσεις για να προστατεύσουν τον εαυτό τους και τους άλλους από πιθανούς κινδύνους.

Περιττό να πούμε ότι οι δεξιότητες διαπροσωπικής επικοινωνίας παραμελούνται σε μεγάλο βαθμό στην κοινωνία σήμερα. Επομένως, θα πρέπει να διδάσκονται σε σχολεία και κολέγια ανεξάρτητα από το πρόγραμμα που επιλέγουν οι μαθητές. Οι άνθρωποι που διαβάζουν δεν πρέπει να περιορίζονται μόνο σε ψυχολογικές μελέτες. έμποροι, γιατροί, νοσηλευτές, δικηγόροι, υπεύθυνοι προσλήψεων, αθλητές - κάθε επαγγελματίας που ασχολείται με ανθρώπους θα πρέπει επίσης να μάθει αυτή τη δεξιότητα.

Μάστερ στις Επικοινωνίες και στην Ανάγνωση Ανθρώπων

Η ανάγνωση των ανθρώπων είναι μια υποτιμημένη δεξιότητα που συχνά δεν εκτιμάται, όπως και η σχέση της με την ομιλία. Δεν σκέφτονται όλοι με τον ίδιο τρόπο και δεν μιλούν με τον ίδιο τρόπο - όλα εξαρτώνται από την ανατροφή, το περιβάλλον, τα συναισθήματα και τους τύπους προσωπικότητας που επηρεάζουν αυτό που λέμε - που σημαίνει ότι ένα άτομο μπορεί να πει ένα πράγμα αλλά ένα άλλο θα μπορούσε να το ερμηνεύσει εντελώς διαφορετικά. τελικά καταλήγει στο να μπορείς να διαβάζεις τους ανθρώπους με αρκετή ακρίβεια ώστε να συμπεράνεις με ακρίβεια τι εννοεί το ένα το άλλο άτομο με αυτό που προσπαθούν να πουν

Σχέσεις Σύμφωνα με τον Henry Winkler, οι υποθέσεις είναι οι τερμίτες των σχέσεων - μια παρατήρηση που δεν θα μπορούσε να είναι πιο αληθινή! Δεν έχει σημασία ποιον περιλαμβάνει? σύζυγος, γονείς, φίλοι ή αδέρφια: οι υποθέσεις και οι παρεξηγήσεις συχνά χρησιμεύουν ως οι κύριοι καταλύτες για τη δημιουργία συγκρούσεων σε αυτές τις σχέσεις. συχνά παρερμηνεύεται ως έλλειψη ενδιαφέροντος εκ μέρους τους ή ως προσπάθεια του ενός ή του άλλου αδερφού να μοιραστεί ένα επίτευγμα που θεωρείται ότι το τρίβουμε. Υπάρχουν πολλές φορές στην καθημερινότητά μας όταν κάτι που λέμε θα μπορούσε να αφαιρεθεί εντελώς από το πλαίσιο ή να παρερμηνευτεί εντελώς διαφορετικά από άλλους - κάνοντάς μας να αμφισβητήσουμε τις προθέσεις τους!

Αν καταλάβαιναν τι πραγματικά εννοούσαμε, τα συναισθήματα ή τα εγκάρδια παράπονα δεν θα παρερμηνεύοντουσαν ως αποσπάσματα και παράπονα. Πολύ συχνά περιμένουμε ότι οι στενές σχέσεις θα πάρουν ανεπαίσθητες υπαινιγμούς, διαθέσεις, συγκαλυμμένα μηνύματα ή υπονοούμενα χωρίς να χρειάζεται να δηλώνουμε άμεσα. Δεν είναι αυτός ο λόγος που η επικοινωνία είναι μια τέτοια μορφή τέχνης: να καταλαβαίνεις τι σημαίνουν οι άλλοι χωρίς να χρειάζεται να μιλήσεις εσύ;

Μερικές φορές μπορεί να είναι δύσκολο να διαβάζεις με ακρίβεια τα σημάδια στις σχέσεις. Όλα απαιτούνται κατανόηση, συγκέντρωση και συνειδητοποιημένο μυαλό εάν θέλουμε να ερμηνεύσουμε με ακρίβεια αυτά τα σημάδια. μόλις αποκτηθεί μπορεί να κάνει τεράστια διαφορά στη διατήρηση υγιών σχέσεων. Είχαμε ένα ζευγάρι που ζούσε στη διπλανή πόρτα που πίστευε ότι ο σύζυγός της συσπάστηκε κάθε φορά που της έλεγε ψέματα. με αποτέλεσμα να τσακώνονται συχνά!

Κάθε φορά που του έκανε μια δύσκολη ερώτηση, όλοι παρατηρούσαμε προσεκτικά το πάνω χείλος του καλυμμένο από ένα εντυπωσιακό μουστάκι και παρακολουθούσαμε καθώς άρχιζε να συσπάται ως απάντηση. Η εντύπωσή μου εκείνη την εποχή ήταν: Ήξερε ακριβώς πώς να εντοπίζει πότε έλεγε ψέματα! Αυτές οι πληροφορίες δεν προοιωνίζονταν καλά, καθώς συχνά μάλωναν γι' αυτό - μέχρι που χρόνια αργότερα αναζήτησαν θεραπεία, όπου έμαθαν ότι συσπάστηκε όχι επειδή έλεγε ψέματα, αλλά μάλλον λόγω νευρικότητας! Τέτοιες υποθέσεις προκάλεσαν τόσο μεγάλο κακό στη σχέση τους!

Η ακριβής ανάγνωση των ανθρώπων μπορεί να σας βοηθήσει να ξεπεράσετε τέτοιες υποθέσεις, επιτρέποντάς σας να κατανοήσετε καλύτερα τις σχέσεις, παρά το πόσο καλά μπορεί κάποιος να εκφραστεί λεκτικά.

Καριέρα
Αν γνωρίζατε ότι το αφεντικό σας δεν αντιμετώπιζε προβλήματα εκτός του χώρου εργασίας που καθυστερούσαν την ολοκλήρωση της εργασίας του στην ώρα τους, αντί να απογοητευόταν απλώς για την καθυστερημένη παράδοση, η προσέγγισή σας μπορεί να ήταν διαφορετική: να προσφέρετε ηθική υποστήριξη και χώρο. Η συνεχής κριτική για καθυστερήσεις πιθανότατα θα δημιουργούσε ισχυρότερους συναισθηματικούς δεσμούς μαζί

του και μπορεί να ανοίξει πόρτες σε ευκαιρίες, βελτιωμένες σχέσεις και πιο αποτελεσματική ομαδική εργασία.

Οι περισσότερες δουλειές περιλαμβάνουν τη συνεργασία σε ομάδες προκειμένου να παραχθούν αποτελέσματα, είτε ως γιατροί, είτε ως δάσκαλοι είτε ως διευθυντές. Ανεξάρτητα από την ειδικότητά σας - από την ιατρική και τη διδασκαλία μέσω ρόλων διαχείρισης - η κατανόηση και η καλή συνεργασία με άλλους επαγγελματίες είναι ζωτικής σημασίας για την αποτελεσματική ολοκλήρωση της εργασίας και για τις καλύτερες δυνατότητές σας. Ειδικά οι ηγέτες πρέπει να συνεργάζονται με μια μεγάλη ποικιλία ατόμων - το καθένα έχει διαφορετικά ταλέντα, ελλείψεις και αντιδράσεις όταν αντιμετωπίζει προκλήσεις ή κριτική - κατανοώντας γιατί κάποιος ανταποκρίνεται όπως κάνει, μπορείτε να προσαρμόσετε τις απαντήσεις κατάλληλα και να κάνετε βέλτιστη χρήση των ικανοτήτων του.

Οι εταιρείες σήμερα επενδύουν πολλά στη δημιουργία ενός ευχάριστου εργασιακού περιβάλλοντος για τους υπαλλήλους τους, συνειδητοποιώντας ότι οι εργαζόμενοι είναι η μεγαλύτερη επένδυσή τους και θα πρέπει να παραμείνουν ικανοποιημένοι και ευτυχισμένοι προκειμένου να αποδώσουν στο μέγιστο των δυνατοτήτων τους. Τα κίνητρα προσφέρονται όλο και περισσότερο με μεγαλύτερη έμφαση στην ικανοποίηση των εργαζομένων. Οι εταιρείες πρέπει να σέβονται την ατομικότητα κάθε εργαζομένου, καλύπτοντας αναλόγως τις συναισθηματικές ανάγκες. Η ανάγνωση μπορεί να προσφέρει στις επιχειρήσεις ένα αποτελεσματικό εργαλείο για να το επιτύχουν αυτό. Τα άτομα που διαβάζουν μπορούν επίσης να βοηθήσουν τους υπαλλήλους να διατηρήσουν τους υπαλλήλους δημιουργώντας μια ατμόσφαιρα που ευνοεί την ευημερία και την παραγωγικότητα.

Κοινωνική ζωή

Οι άνθρωποι είναι απαραίτητοι για την ευημερία μας. υποστηρίζουν τη συναισθηματική ευεξία, τις βασικές ανάγκες και τη συνολική ψυχική ευεξία. Όλοι οι άνθρωποι επιθυμούν να ακουστούν και να γίνουν κατανοητοί, έτσι οι άνθρωποι που παρέχουν ασφαλείς χώρους στους άλλους να κάνουν ακριβώς αυτό, συχνά προσελκύουν τις σωστές ενέργειες - φανταστείτε να μιλάτε σε κάποιον που κατάλαβε ακριβώς τι προσπαθούσατε να πείτε χωρίς να χρειάζεται ατελείωτες εξηγήσεις. πιθανότατα θα αναζητούσατε αυτό το άτομο σε κάθε δυνατή εκδήλωση!

Ψυχική και συναισθηματική υγεία Η κατανόηση των δικών μας σκέψεων μπορεί να είναι αρκετά δύσκολη. Συχνά οι αντιδράσεις μας πηγάζουν από άσχετες πηγές - η έλλειψη ύπνου μπορεί να σας κάνει να εκνευρίζεστε ή να σας ενοχλεί, ενώ μικρά πράγματα θα μπορούσαν εύκολα να πυροδοτήσουν τις αντιδράσεις μας χωρίς να καταλάβουμε γιατί το έκαναν. Η συναισθηματική νοημοσύνη παίζει τεράστιο ρόλο στη διατήρηση της συναισθηματικής και ψυχικής μας ευεξίας, βοηθώντας μας να αναγνωρίσουμε και να κατανοήσουμε τα δικά μας συναισθήματα. Η μεγαλόφωνη ανάγνωση προσθέτει ένα άλλο επίπεδο γνώσης, καθώς μας επιτρέπει να αποκρυπτογραφήσουμε τις προθέσεις των άλλων ανθρώπων πιο εύκολα, όπως να κατανοήσουμε ότι ένα ξέσπασμα από τον σύντροφό σας θα μπορούσε εξίσου εύκολα να προέλθει από την ηλικία δύο ετών που έχασε τη σύνοδο του μεσημεριανού ύπνου!

Η κατανόηση των ανθρώπων μπορεί να σας βοηθήσει να παραμείνετε ήρεμοι και θετικοί ακόμα και σε περιόδους υψηλών συναισθημάτων. Αποστασιοποιώντας τον εαυτό σας από χλευασμούς ή κρίσεις που μπορεί να φαίνονται στραμμένες προς εσάς, αλλά στην πραγματικότητα προκαλούνται από άλλους, η κατανόηση θα σας επιτρέψει να παραμείνετε θετικοί ακόμη και σε περιόδους αναταραχής και δυσκολίας.

Το να διαβάζεις ανθρώπους μπορεί να απαιτεί χρόνο και εξάσκηση, αλλά αξίζει τον κόπο να το μάθεις για να δημιουργήσεις ισχυρότερες σχέσεις τόσο με άλλους ανθρώπους όσο και με τον εαυτό σου. Στη δουλειά θα επιτρέψει πιο παραγωγική ομαδική εργασία ενώ στην κοινωνική σας ζωή μπορεί να δημιουργήσει ισχυρότερα δίκτυα φίλων προσφέροντάς τους έναν ασφαλή χώρο για να κατανοήσουν και να επικοινωνήσουν ελεύθερα.

ΚΕΦΆΛΑΙΟ 5: ΠΡΟΤΟΎ ΠΡΟΧΩΡΉΣΕΤΕ, ΑΝΤΙΜΕΤΩΠΊΣΤΕ ΤΑ ΕΜΠΌΔΙΑ ΚΑΙ ΤΙΣ ΠΡΟΚΑΤΑΛΉΨΕΙΣ

Τι μας εμποδίζει να κατανοήσουμε τους ανθρώπους; Αν και η ανάγνωση μυαλού λέξη προς λέξη παραμένει εκτός του πεδίου των δυνατοτήτων προς το παρόν, καμία τεχνητή νοημοσύνη, τεχνολογική ή ιατρική πρόοδος δεν κατάφερε να αποκωδικοποιήσει το περίπλοκο νευρικό κύκλωμα μέσα σε όλους μας - ωστόσο κάτι εξακολουθεί να μας εμποδίζει να κατανοήσουμε με ακρίβεια την προφορική Γλώσσα;

Τι σας εμποδίζει να διαβάζετε σωστά τους ανθρώπους;

Δυσκολεύεστε να κατανοήσετε σωστά τους ανθρώπους; Τι σας εμποδίζει λοιπόν να αποκρυπτογραφήσετε σωστά τι εννοούν οι άνθρωποι με συγκεκριμένες πράξεις και λέξεις; Η ανάγνωση των ανθρώπων πρέπει να είναι τόσο απλή όσο η κατανόηση των εκφράσεων του προσώπου, του τόνου και του διαλόγου από άλλους, ωστόσο αυτό δεν συμβαίνει πάντα - οι ίδιες λέξεις που λέγονται από τα ίδια άτομα σε διάφορες περιστάσεις μπορεί να σημαίνουν εντελώς διαφορετικές έννοιες!

Κάποιος μπορεί να σας πει «Ξέρω τι εννοείς», ωστόσο ο τόνος του μπορεί να υποδηλώνει είτε κομπλιμέντο είτε κριτική.

Μερικές φορές, μπορεί να είναι εύκολο να πιάσεις τον τόνο κάποιου. άλλες φορές μπορεί και όχι. Θα μπορούσαμε να παρερμηνεύσουμε τι εννοεί κάποιος για πολλούς λόγους. Εδώ είναι μερικοί παράγοντες που επηρεάζουν τον τρόπο με τον οποίο ερμηνεύουμε τους ανθρώπους:

Γνωρίζοντας τους πολύ καλά ή όχι αρκετά καλά: Καθώς η σχέση σας ενισχύεται με κάποιον, οι προσδοκίες του από εσάς αυξάνονται ανάλογα. Τα αγαπημένα μας πρόσωπα περιμένουν από εμάς να καταλάβουμε τι σημαίνουν χωρίς να χρειάζεται να εξηγηθούν ή να επικοινωνήσουν αποτελεσματικά. «Τα μάτια πρέπει να μιλούν», όταν γνωρίζεις κάποιον από κοντά, αλλά συχνά δεν επικοινωνεί σωστά όταν δεν έχει τη σωστή νοοτροπία. Πάντα πίσω από κάθε βλέμμα κρύβονται περισσότερα από όσα φαίνονται στο μάτι. Μερικές φορές αυτή η ιστορία μπορεί να παραμείνει άγνωστη σε εσάς! Αυτό που λέει ή εννοεί κάποιος μπορεί να διαφέρει σε μεγάλο βαθμό ανάλογα με την προσωπικότητά του, το περιβάλλον, τις σκέψεις και άλλες καθημερινές επιρροές - μπορεί να είναι δύσκολο να γνωρίζουμε ακριβώς γιατί κάποιος μπορεί να έχει δυσαρεστημένη διάθεση. θα μπορούσε να οφείλεται στο ότι το αφεντικό τους τους λύπησε.

Παρόμοια με την παρερμηνεία των λέξεων και των πράξεων κάποιου που δεν γνωρίζουμε αρκετά καλά, το να μην γνωρίζουμε κάποιον αρκετά μπορεί επίσης να οδηγήσει σε παρερμηνείες λέξεων και πράξεων. Ένας εσωστρεφής δεν έχει τίποτα απέναντί σας - απλά χρειάζεται περισσότερο άνοιγμα από τους περισσότερους. Επομένως, η προσπάθεια ανάγνωσης όλων σε ίσο επίπεδο πιθανότατα θα καταλήξει σε αποτυχία.

Παράβλεψη του περιβάλλοντος και εστίαση σε σημάδια: Η αποφυγή της οπτικής επαφής μπορεί να υποδηλώνει ότι κάποιος λέει ψέματα. αλλά θα μπορούσε επίσης να σηματοδοτεί αδιαφορία ή χαμηλή αυτοεκτίμηση. Ένα από τα χειρότερα λάθη που θα μπορούσε να κάνει κανείς όταν προσπαθεί να διαβάσει ανθρώπους είναι να εφαρμόζει αυτό που διαβάζει χωρίς να εξετάζει το πλαίσιο και να λαμβάνει υπόψη όλες τις πτυχές όταν προσπαθεί να διαβάσει κάποιον. Όταν διαβάζετε ανθρώπους, πρέπει να λαμβάνετε υπόψη όλους τους παράγοντες αντί να χρησιμοποιείτε αποκλειστικά κομμάτια πληροφοριών από ένα βιβλίο ως αποδεικτικά στοιχεία εναντίον ενός ατόμου.

Falling for the Poker Face: Μην κάνετε υποθέσεις με βάση τη γλώσσα του σώματος, τις λέξεις ή τις εκφράσεις του προσώπου όταν διαβάζετε ανθρώπους. Η ανάγνωση ανθρώπων περιλαμβάνει τη συλλογή δεδομένων για άτομα πριν από την προσεκτική ανάλυσή τους για να σχηματιστούν ακριβείς εικασίες για αυτά. Για παράδειγμα, μην υποθέσετε ότι κάποιος είναι νευρικός μόνο και μόνο επειδή οι παλάμες του είναι ιδρωμένες - προσέξτε και για άλλα σημάδια που δείχνουν παρόμοια νευρικότητα όπως ταραχή, νευρικότητα όταν μιλάει δυνατά, τραυλίζει όταν μιλάει κ.λπ. φορούν πάρα πολλά στρώματα και νιώθουν υπερβολική ζέστη μέσα!

Χωρίς επίγνωση των συναισθημάτων σας: Θα μπορούσε απλώς να είστε τόσο καταναλωμένοι με το πώς συμπεριφέρεται κάποιος άλλος που αποτυγχάνετε να αξιολογήσετε πώς νιώθετε με βάση το πώς ενεργεί το άλλο άτομο ή τη δική σας αντίληψη γι' αυτόν; Ίσως οι δικές σας προκαταλήψεις, οι προκαταλήψεις ή η κατανόησή τους να σας εμποδίζουν να δείτε τη μεγάλη εικόνα. Για να διαβάσετε με ακρίβεια τους ανθρώπους, ξεκινά με την αυτογνωσία και την κατανόηση του πώς αντιλαμβάνεστε τους ανθρώπους.

Λανθασμένη Προσωπικότητα ή Κατάσταση Αποφασιστική Συμπεριφορά Υπάρχουν δύο βασικά στοιχεία που επηρεάζουν τις πράξεις κάποιου -- το περιβάλλον και τα χαρακτηριστικά της προσωπικότητάς του. Δυστυχώς, μπορεί να είναι δύσκολο να γίνει διάκριση μεταξύ των δύο όταν επικοινωνείτε με αγνώστους και γνωστούς, οδηγώντας σε εσφαλμένες εκτιμήσεις για το τι προσπαθούν να επικοινωνήσουν οι άνθρωποι. Το να βγάζεις πολύ γρήγορα συμπεράσματα σημαίνει να δίνεις στον εαυτό σου αρκετό χρόνο για να καταλάβει αν το πώς ανταποκρίνεται κάποιος οφείλεται σε προσωπικές προτιμήσεις ή σε εξωτερικές δυνάμεις με τις οποίες πρέπει να αντιμετωπίσει.

Ενδώστε σε μεροληψία επιβεβαίωσης: Όταν σχηματίζουμε προκαταλήψεις για κάποιον και συνδέουμε ετικέτες μαζί του στο μυαλό μας, οτιδήποτε λέει ή κάνει στη συνέχεια χρησιμεύει για να τεκμηριώσει αυτές τις εκτιμήσεις γι' αυτόν και να επιβεβαιώσει τις δικές μας σκέψεις για αυτόν. Κάνοντας αυτό, ωστόσο, μπορούμε να αποτρέψουμε τον εαυτό μας από το να δούμε την πλήρη εικόνα και να επικεντρωθούμε σε αυτό που αντιλαμβανόμαστε ότι είναι πραγματικότητα.

Ενδίδουμε στην προκατάληψη της προσωπικότητας: Όταν βρίσκουμε κάποιον ελκυστικό, το μυαλό μας δημιουργεί μια υπερβολικά θετική εικόνα για αυτόν στο μυαλό μας. Αυτό ισχύει επίσης για άτομα των οποίων οι συνήθειες, τα χόμπι ή οι επιλογές τους μοιάζουν με τις δικές μας. Οι απόψεις μας τείνουν να είναι πιο ευνοϊκές για κάποιον που νιώθουμε ελκυσμένοι σε σύγκριση με κάποιον διαφορετικό από αυτόν που περιμέναμε - εμποδίζοντας έτσι τις ακριβείς εκτιμήσεις σχετικά με το ποιος είναι πραγματικά αυτό το άτομο.

Επιρροή από το παρελθόν σας: Εάν κάποιος σας εξαπάτησε πρόσφατα, είναι πολύ πιθανό να είστε πιο απρόθυμοι να εμπιστευτείτε αυτά που λέει κάποιος τώρα. Οι προηγούμενες εμπειρίες μας μπορούν να διαμορφώσουν τον τρόπο με τον οποίο κρίνουμε τους άλλους ανθρώπους.

Ανελαστικότητα: Εάν έχετε ισχυρές απόψεις για κάτι και κάποιος διαφωνεί μαζί τους, μπορεί να δημιουργηθούν ψυχικά εμπόδια για να μην αποδεχτείτε και να κατανοήσετε ο ένας τον άλλον πλήρως και αντικειμενικά. Για παράδειγμα, εάν προτιμάτε να ξοδεύετε τα χρήματά σας με σύνεση και είστε αφοσιωμένοι σε έξυπνες επενδυτικές στρατηγικές, αυτό μπορεί να σας οδηγήσει να κρίνετε αρνητικά αυτούς που ξοδεύουν χωρίς να λαμβάνετε υπόψη αυτά τα θέματα.

Γεγονός είναι ότι όλοι έχουμε προκαταλήψεις σχετικά με το τι θεωρείται αποδεκτή συμπεριφορά από άλλους ανθρώπους. Αν και είναι πολύ καλό να έλκουμε ή να ανακατεύουμε με άτομα με παρόμοιες ιδεολογίες και διαδικασίες σκέψης, η διατήρηση ισχυρών κρίσεων ανθρώπων που δεν ταιριάζουν με τις ιδεολογίες μας μπορεί να δημιουργήσει εμπόδια μεταξύ της κατανόησης του τρόπου σκέψης και της συμπεριφοράς των άλλων και της πλήρης κατανόησης των απόψεων και των συμπεριφορών τους. Για να κατανοήσουν πραγματικά τους άλλους και να αποδεχτούν τις διαφορές τους.

Το περιβάλλον, η ανατροφή και η προσωπικότητα παίζουν ρόλο στον τρόπο που επικοινωνούμε. Το περιβάλλον, η ανατροφή και τα χαρακτηριστικά της προσωπικότητάς μας επηρεάζουν τα λόγια, τις σκέψεις και τις πράξεις μας. Οι ειδικοί της προσωπικότητας έχουν εντοπίσει συγκεκριμένα χαρακτηριστικά και μεθόδους επικοινωνίας που χρησιμοποιούν συνήθως οι άνθρωποι: Personlichkeit Assertive; Επιθετικός; Παθητικά επιθετικός
* Χειριστική
Καθώς εξοικειώνεστε καλύτερα με τους ανθρώπους, η ικανότητά σας να αναγνωρίζετε το στυλ επικοινωνίας τους γίνεται μεγαλύτερη. Η κατανόηση του γιατί κάποιος μιλάει με έναν συγκεκριμένο τρόπο θα αυξηθεί επίσης. Με την πρώτη ματιά, οι παθητικοί επικοινωνούντες τείνουν να αποφεύγουν την οπτική επαφή και να συμφωνούν με όλα όσα λέτε, επομένως η δυνατότητα αναγνώρισης του τρόπου επικοινωνίας τους θα επιτρέψει πιο ακριβείς εκτιμήσεις των χαρακτηριστικών της προσωπικότητας και των σχέσεων. Συγκεκριμένες καταστάσεις και σχέσεις απαιτούν διαφορετικές μορφές διαλόγου. Τα στυλ επικοινωνίας διαφέρουν ανάλογα με το ποιος μιλάει. μπορείτε να χρησιμοποιήσετε παθητικές-επιθετικές στρατηγικές όταν αντιμετωπίζετε άτομα που αντιπαθείτε και πιο χειραγωγικές μεθόδους όταν μιλάτε σε αγνώστους. Η κατανόηση αυτών των στυλ θα ωφελήσει όχι μόνο τον εαυτό σας, αλλά και τους άλλους. Ας βουτήξουμε λοιπόν βαθύτερα για να δούμε πώς λειτουργεί κάθε στυλ επικοινωνίας και ας εντοπίσουμε παρόμοια στυλ σε άλλους ανθρώπους.

Δυναμικό Στυλ Επικοινωνίας
Αυτό το στυλ επικοινωνίας θεωρείται ευρέως μια από τις πιο αποτελεσματικές μορφές. Κάποιος που χρησιμοποιεί αυτήν την προσέγγιση έχει σταθερές πεποιθήσεις και δεν διστάζει να τις μοιραστεί. Μιλούν καθαρά χωρίς να υποτιμούν τις πεποιθήσεις κάποιου άλλου. να σέβονται τις διαφορετικές απόψεις ενώ εκφράζουν ελεύθερα τις δικές τους. επιδεικνύουν υψηλή αυτοεκτίμηση ενώ αναζητούν συναίνεση και συμβιβασμούς κατά τη διάρκεια των συζητήσεων.
Οι δυναμικοί επικοινωνιακοί μπορούν εύκολα να αναγνωριστούν από το γεγονός ότι χρησιμοποιούν συχνά το «εγώ» όταν μιλούν. Για παράδειγμα, μπορεί να πουν πράγματα όπως: "Πιστεύω ότι πρέπει να υποστηρίξουμε περισσότερο τις απόψεις της" αντί να το διατυπώσουν ως: "Θα πρέπει να είσαι πιο δεκτικός από όλες τις απόψεις". Αυτά τα άτομα τείνουν επίσης να επιδεικνύουν θετικές στάσεις όταν επικοινωνούν.
Παρακάτω είναι μερικά ενδεικτικά σημάδια κάποιου με διεκδικητικό στυλ επικοινωνίας:
* Εκφράζουν με αυτοπεποίθηση τις ανάγκες και τις επιθυμίες τους.
* Διατηρούν οπτική επαφή. * Δεν διστάζουν να πουν όχι όταν χρειάζεται. * Δίνουν σε όλους ίσες ευκαιρίες να συνεισφέρουν τις ιδέες τους.
* Χρησιμοποιούν προτάσεις «εγώ».
Για να επικοινωνήσετε αποτελεσματικά με έναν διεκδικητικό ομιλητή, επιτρέψτε του να εκφράσει ελεύθερα τις σκέψεις του και επιτρέψτε του να εκφράσει ακριβώς πώς αισθάνεται όταν του δίνεται ο χώρος να το κάνει. Οι διεκδικητικοί άνθρωποι τείνουν να μοιράζονται

ελεύθερα τις απόψεις τους όταν τους δίνεται αυτή η ευκαιρία, καθιστώντας τις ευκολότερες από άλλα στυλ στην ανάγνωση και την ερμηνεία, εάν βρείτε κάτι που προκαλεί σύγχυση. απλά ρωτήστε τις απορίες σας! Θα δώσουν ευχαρίστως όλες τις απαντήσεις!

Επιθετικό Στυλ Επικοινωνίας
Τα άτομα που χρησιμοποιούν αυτό το στυλ επικοινωνίας τείνουν να είναι επιθετικά και εχθρικά. Στόχος τους στις συνομιλίες είναι πάντα να κερδίζουν με κάθε κόστος και συχνά πιστεύουν ότι η συμβολή τους στις συνομιλίες είναι πολύ μεγαλύτερη από τη συνεισφορά άλλων συμμετεχόντων. Το περιεχόμενο και το πλαίσιο τείνουν να χάνονται λόγω του τρόπου με τον οποίο αυτοί οι άνθρωποι μεταδίδουν τα μηνύματά τους - με τους επιθετικούς που επικοινωνούν συχνά να χρησιμοποιούν εκφοβιστικό και υποτιμητικό τόνο όταν μιλούν. Τέτοια άτομα μπορεί να πιέζουν πιο σκληρά εναντίον εκείνων με παρόμοιο στυλ, καθιστώντας τις αλληλεπιδράσεις τους αρκετά δύσκολες στην ανάγνωση, επειδή το μόνο που λένε είναι χαμένο στον αγώνα τους για κυριαρχία στις συνομιλίες.
Παρακάτω είναι μερικά ενδεικτικά σημάδια ότι κάποιος έχει ένα επιθετικό στυλ επικοινωνίας: * Τείνουν να μιλάνε για τους άλλους. * Συχνά δείχνουν με το δάχτυλο. * Και τέλος συνοφρυώνονται.
    * Αυτά τα άτομα τείνουν να εκφοβίζουν, να μειώνουν, να επικρίνουν και να απειλούν τους άλλους. Είναι επίσης απαιτητικοί και ελέγχουν.
    * Τα άτομα που επικοινωνούν που εκφράζουν τις ιδέες ή τις σκέψεις τους με επιθετικό τόνο τείνουν να χρησιμοποιούν δηλώσεις όπως "επειδή το είπα!" να διεκδικήσουν την εξουσία τους. Η κύρια διάκριση μεταξύ ενός διεκδικητικού και ενός επιθετικού επικοινωνιακού είναι η επιθυμία τους για κυριαρχία. ένας διεκδικητικός επικοινωνιακός προτιμά να οδηγεί παρά να κατευθύνεται. Όταν μιλάτε με κάποιον με επιθετικό στυλ, προσπαθήστε να κρατάτε τις συνομιλίες εστιασμένες και επί του θέματος. Ακόμα κι αν οι συνομιλίες αποκλίνουν, φέρτε τους πίσω κάνοντας αξιολογήσεις για το τι λένε αντί να λάβετε υπόψη τον τόνο τους όταν προσπαθείτε να κατανοήσετε το μήνυμά τους.

Στυλ Παθητικής Επικοινωνίας
Αναφέρεται επίσης ως υποτακτικό στυλ επικοινωνίας, οι παθητικοί επικοινωνούντες τείνουν να εστιάζουν στο να ευχαριστήσουν τους άλλους ανθρώπους αποφεύγοντας τις συγκρούσεις και κρατώντας τις συνομιλίες με φιλικό τρόπο. Αντιπαθούν την αντιπαράθεση και συχνά απαντούν συμφωνώντας ή λέγοντας ναι. Σε αντίθεση με ό,τι φαίνεται αρχικά, τα άτομα με αυτό το στυλ επικοινωνίας δεν συμμετέχουν πάντα σε θετικό διάλογο - η αναποτελεσματική ικανότητά τους να μεταφέρουν τις απόψεις τους μπορεί να οδηγήσει σε μεγάλη δυσαρέσκεια και αρνητικότητα με την πάροδο του χρόνου. Οι παθητικοί επικοινωνούντες δυσκολεύονται να εκφραστούν με σαφήνεια, ενώ οι παθητικοί επικοινωνιολόγοι μπορεί να τους δυσκολέψουν να διαβάσουν, καθώς δεν ακούμε σχεδόν τις σκέψεις τους να εκφράζονται ανοιχτά!
Εδώ είναι μερικά σημάδια ότι ένα άτομο εμπλέκεται σε παθητική επικοινωνία:
    * Σπάνια κάνουν οπτική επαφή.

* Η στάση τους είναι κατώτερη. * Η στάση τους τείνει να είναι «πάει με τη ροή».

* Τα άτομα με αυτό το στυλ δυσκολεύονται συχνά να πουν όχι. Για να επικοινωνήσετε αποτελεσματικά με άτομα αυτού του στυλ, είναι καλύτερο να κάνετε πολλές ερωτήσεις και να τους ενθαρρύνετε να εκφράσουν τις απόψεις τους.

Παθητικό-Επιθετικό Στυλ Επικοινωνίας

Ο καθένας έχει τη δική του απόχρωση του γκρι στην επικοινωνία. Το παθητικό-επιθετικό στυλ επικοινωνίας δεν αποτελεί εξαίρεση. Μια συνένωση δύο διαφορετικών προσεγγίσεων στις επικοινωνίες, περιλαμβάνει παθητική συμπεριφορά εκ των προτέρων με επιθετικότητα που περιμένει στα φτερά σε κάθε σημάδι σύγκρουσης. Αυτά τα άτομα μπορεί να φαίνονται ευχάριστα, αλλά μπορεί να κρύβουν σημαντικές μνησικακίες και θυμό κάτω από την επιφάνεια.

Η δυσαρέσκεια εκδηλώνεται συχνά με κουτσομπολιά, σαρκασμό, πατρονική συμπεριφορά ή έμμεσα σχόλια και παρατηρήσεις που εκφράζουν έμμεσα απογοητεύσεις. Τα άτομα με αυτό το στυλ επικοινωνίας συνήθως αντιμετωπίζουν άλυτα προβλήματα και τα δείχνουν έμμεσα χρησιμοποιώντας παθητικά-επιθετικά στυλ επικοινωνίας: * Χρησιμοποιούν σαρκασμό συχνά * Τα λόγια τους δεν ευθυγραμμίζονται με τις πράξεις τους * Αγωνίζονται να αναγνωρίσουν τα συναισθήματα

* Οι εκφράσεις του προσώπου τους δεν ταιριάζουν με αυτό που λένε.

Μπορεί να χρησιμοποιούν φράσεις όπως: "Μην εκνευρίζεσαι! Ήταν απλώς ένα αστείο!" ή, "Ο,τι κι αν συμβεί, δεν με νοιάζει!" και μπορεί συχνά να αποδειχθεί παθητικό επιθετικό ή κακό όταν επικοινωνούν τις προθέσεις τους. καθιστώντας έτσι τη δυσκολότερη ερμηνεία, καθώς τα περισσότερα από αυτά που λένε προέρχονται από ανεπίλυτες συγκρούσεις και ζητήματα.

Άτομα που χρησιμοποιούν το στυλ χειραγώγησης επικοινωνίας Τα άτομα που χρησιμοποιούν αυτό το στυλ επικοινωνίας βασίζονται στον δόλο και την επιρροή για να διαμορφώσουν με λόγια το αποτέλεσμα των συνομιλιών και των πράξεων των άλλων. Η ομιλία τους μπορεί συχνά να είναι δύσκολο να αποκωδικοποιηθεί επειδή κάθε λέξη που εκφέρουν φαίνεται να παρακινείται από αυτό που ελπίζουν να κερδίσουν. οι πραγματικές τους προθέσεις συχνά παραμένουν κρυμμένες κάτω από στρώματα εξαπάτησης ή χειρισμών. Αυτοί οι άνθρωποι μπορεί συχνά να φαίνονται υποστηρικτικοί και θα προσπαθήσουν σκληρά μέχρι να συμφωνήσετε με αυτό που λένε.

Ακολουθούν μερικά σημάδια ότι μιλάτε με κάποιον με χειριστικό ύφος: * Συνήθως κάνει δηλώσεις με μεγάλη πεποίθηση. * Τείνουν να μην ανταποκρίνονται καλά όταν έρχονται αντιμέτωποι με αντικρουόμενες απόψεις. * Κρατάνε το βλέμμα σου για περισσότερη ώρα.

* Χρησιμοποιούν χειρονομίες όταν μιλούν.

Όταν συμμετέχετε σε διάλογο με αυτούς τους ομιλητές, η υπομονή και η ηρεμία πρέπει να επιδεικνύονται με ίσα μέτρα. Προσπαθήστε να μην αντιδράτε συναισθηματικά παραμένοντας διεκδικητικοί αλλά σταθεροί στις πεποιθήσεις σας. Μην επιτρέψετε στις απόψεις τους να επηρεάσουν τις δικές σας απόψεις, αλλά ούτε και να διαφωνήσετε, αλλιώς θα απομονωθούν. Τα επικοινωνιακά στυλ αποκαλύπτουν πολλά για ένα άτομο. Φυσικά εξαρτώνται από το με ποιον επικοινωνεί κανείς. δίνοντας μεγάλη προσοχή σε αυτά τα στυλ, μπορείτε να προσαρμόσετε κατάλληλα τις απαντήσεις και να αποκτήσετε μεγαλύτερη εικόνα για να κατανοήσετε καλύτερα τους ανθρώπους

Ο πολιτισμός είναι το αποτέλεσμα πολλών διαφορετικών στοιχείων που συνδυάζονται: παραδόσεις, λαογραφία, τελετουργίες, χρήση γλώσσας, επιλογές τρόπου ζωής και πεποιθήσεις - όλα αυτά συμβάλλουν στη διαμόρφωση του τρόπου με τον οποίο επικοινωνούμε και καταλαβαίνουμε ο ένας τον άλλον. Η κουλτούρα δεν υπάρχει μόνο γεωγραφικά - δύο άτομα σε μια σχέση αναπτύσσουν τη δική τους ξεχωριστή κουλτούρα με την πάροδο του χρόνου, καθώς η επικοινωνία, η χρήση της γλώσσας και τα τελετουργικά τους επηρεάζουν και την διαμορφώνουν περαιτέρω - όπως κάνουν και διαφορετικές επιχειρήσεις, περιοχές ή κάθε είδους σχέσεις!

Όταν προσπαθείς να καταλάβεις κάποιον, πρέπει επίσης να κατανοήσεις τον πολιτισμό του. Γνωρίζοντας από πού κατάγεται κάποιος. τις πεποιθήσεις και τις συνήθειές τους· καθώς και οποιεσδήποτε μεμονωμένες τελετουργίες ή έθιμα που τα κάνουν ξεχωριστά είναι ζωτικής σημασίας για την ανάπτυξη της ενσυναίσθησης για αυτό το άτομο.

Οι άνθρωποι που είναι συνηθισμένοι να ακολουθούν ορισμένους κανόνες και έθιμα τείνουν να αλληλεπιδρούν διαφορετικά από εκείνους με διαφορετικά τελετουργικά. Κάποιος που συνηθίζει να παρακολουθεί συναντήσεις όπου κανείς δεν φτάνει στην ώρα του δεν θα εκτιμήσει τόσο τη σημασία του, με αποτέλεσμα να πιστεύει ότι η έλλειψη δεξιοτήτων διαχείρισης χρόνου οφείλεται σε ζητήματα πειθαρχίας και όχι σε πολιτιστική προσαρμογή.

Ένα άτομο που προέρχεται από μια κουλτούρα που χαρακτηρίζεται από συγκεκριμένα στυλ, γλώσσες και μορφές επικοινωνίας πιθανότατα θα φέρει αυτές τις επιρροές μαζί του όταν επικοινωνεί με κάποιον εκτός της δικής του κουλτούρας.

Ως παρατηρητής που προσπαθεί να διαβάσει ανθρώπους, θα πρέπει να δώσετε μεγάλη προσοχή στο πολιτισμικό τους υπόβαθρο. Λάβετε υπόψη ότι αυτό περιλαμβάνει όχι μόνο τη θρησκεία και την εθνικότητα τους, αλλά και τυχόν πρόσθετους μικρούς πολιτισμούς που μπορεί να έχουν αναπτυχθεί λόγω του ότι ανήκουν σε συγκεκριμένες κοινότητες, οργανισμούς ή άλλες επιρροές.

Οι επικοινωνίες και οι πολιτισμοί είναι αλληλεξαρτώμενοι. Ο πολιτισμός αναδύεται μέσα από αλληλεπιδράσεις μεταξύ ατόμων που προωθούν την αμοιβαία επικοινωνία για να παράγουν πρότυπα, νόμους, κανόνες και τελετουργίες που διαμορφώνουν την κοινωνία στο σύνολό της. Οι επικοινωνίες μας αποτελούν τη ραχοκοκαλιά του πολιτισμού που εξελίσσεται συνεχώς μέσω παγκόσμιων επικοινωνιών που έχουν γίνει καθημερινή αναγκαιότητα.

Άνθρωποι διαφορετικών πολιτισμών και εθνοτήτων συχνά αλληλεπιδρούν με διαφορετικούς τρόπους.

Ο πολιτισμός σήμερα έχει καταλήξει να περιλαμβάνει πολλά περισσότερα από έναν απλό τρόπο ύπαρξης και πράξης. ανάλογα με το με ποιον αλληλεπιδρά μια κοινότητα ή κοινωνία κοινωνικά ή επαγγελματικά, μπορεί να υπάρχουν διάφορες κουλτούρες και τελετουργίες σε αυτόν τον χώρο.

Ως εκ τούτου, η ανάγνωση και η κατανόηση των ανθρώπων γίνεται πιο εύκολη και πιο δύσκολη σε ίσα μέτρα. Για να κατανοήσουμε καλύτερα ο ένας τον άλλον, πρέπει να καταρρίψουμε τις υποθέσεις και να δημιουργήσουμε χώρους που παρέχουν χώρο για διαφορετικές πεποιθήσεις, κανόνες και τελετουργίες κάτω από την ίδια στέγη. Ωστόσο, μπορεί να υπάρχουν συγκεκριμένες προκλήσεις κατά την επικοινωνία και την κατανόηση ανθρώπων από διάφορους πολιτισμούς όπως:

Οι άνθρωποι επικοινωνούν διαφορετικά. Οι γλώσσες μας ποικίλλουν όπως και οι λέξεις και οι φράσεις που χρησιμοποιούμε. Ακόμη και φράσεις τόσο φαινομενικά απλές όπως "ό,τι θέλετε" θα μπορούσαν να έχουν διαφορετικές ερμηνείες μεταξύ των πολιτισμών. Το μπράβο μπορεί να είναι είτε θετικό είτε προσβλητικό ανάλογα με το σε ποιον δόθηκε. Από τη διάταξη των καθισμάτων μέχρι τις διαφορές απόστασης μεταξύ των ατόμων, τα πάντα γίνονται κατανοητά διαφορετικά στα έθνη σε όλο τον κόσμο.

Δεν χειρίζονται όλοι οι συγκρούσεις με τον ίδιο τρόπο. Κάποιοι μπορεί να το θεωρήσουν ως μέσο για την επίτευξη παραγωγικών συμπερασμάτων, ενώ άλλοι το θεωρούν ως αμφισβητούμενο. Όταν επικοινωνείτε μεταξύ των πολιτισμών, πρέπει να είστε ευαίσθητοι στα συναισθήματα των άλλων και να δίνετε ιδιαίτερη προσοχή στο πώς αντιδρούν σε συγκεκριμένες ενέργειες που πραγματοποιείτε από εσάς ή άλλα εμπλεκόμενα μέρη.

Σεβαστείτε τον προσωπικό χώρο. Ο Covid-19 μπορεί να μας ανάγκασε να αναπτύξουμε κοινωνική απόσταση, αλλά και άλλοι πολιτισμοί δεν δέχονται τη σωματική επαφή και τη στενή εγγύτητα. Όταν προσπαθείτε να διαβάσετε τους ανθρώπους με ακρίβεια, να είστε επιφυλακτικοί με αυτές τις ιδιαιτερότητες και προσπαθήστε να μην παραβιάσετε τον προσωπικό χώρο κανενός μετακινώντας πολύ κοντά ή πιέζοντας τον εαυτό σας πολύ νωρίς.

Ως άνθρωποι που ζούμε σε αυτόν τον εξαιρετικά ποικίλο κόσμο, εξαρτόμαστε ο ένας από τον άλλο για την επιβίωση και την εκπλήρωση. Για να ανταποκριθούμε αποτελεσματικά σε αυτήν την ανάγκη, είναι ζωτικής σημασίας να λαμβάνουμε υπόψη ο ένας τις πολιτισμικές διαφορές και τους περιορισμούς του άλλου. Δεν μπορείτε να περιμένετε να διαβάσετε με ακρίβεια κάποιον χωρίς πρώτα να κατανοήσετε τι έχει διαμορφώσει τα λόγια και τις πράξεις του. αυτό που λέει κάποιος θα μπορούσε να αντικατοπτρίζει όλες τις πεποιθήσεις και τις εμπειρίες της ζωής του - το να δείχνεις καλοσύνη μπορεί να βοηθήσει πολύ στην ενίσχυση των δεσμών μεταξύ όλων μας.

Αφού συμμετάσχετε σε μια συνομιλία με έναν φίλο, ξαφνικά συνειδητοποιείτε ότι έχουν σταματήσει να ανταποκρίνονται σημαντικά και απλώς γνέφετε με το κεφάλι σας σε ό,τι πείτε χωρίς να σας δώσουν πολλά δικά τους στοιχεία. Εκείνη τη στιγμή, εύχεσαι να ήξερες πώς να διαβάζεις τη διάθεσή τους με ακρίβεια - κάτι που απαιτεί υπομονή και κατανόηση. αλλά σίγουρα εφικτό!

Η ανάγνωση των ανθρώπων μπορεί να αλλάξει τον τρόπο που τους προσεγγίζετε και το αντίστροφο. Η κατανόηση των συναισθημάτων και των αναγκών των ανθρώπων σας επιτρέπει να ανταποκριθείτε με τον κατάλληλο τρόπο και να εμβαθύνετε τις σχέσεις. Προσαρμόστε τα στυλ και τους τόνους επικοινωνίας για να συνδεθείτε πιο βαθιά με τους ανθρώπους. Ωστόσο, σε τι πρέπει να εστιάσετε όταν προσπαθείτε να διαβάσετε ανθρώπους; Η κατανόηση του γιατί ενεργούν με τον τρόπο που ενεργούν μπορεί να δώσει μια εικόνα για την ανθρώπινη ψυχολογία. αυτό ακριβώς θα καλύψει αυτή η ενότητα!

Το δεύτερο μέρος εστιάζει στην κατανόηση του ανθρώπινου μυαλού μέσα από αιώνες έρευνας, επιστημονικών ευρημάτων και εξέτασης της ανθρώπινης φύσης. Καλύπτουμε διαφορετικές θεωρίες που βοηθούν στην αποκάλυψη διαφορετικών τύπων προσωπικότητας και βασικών ανθρώπινων αναγκών που παρακινούν τα μοτίβα σκέψης και τις συμπεριφορές των ανθρώπων - γνώσεις που θα αποδειχθούν ανεκτίμητες όταν έχουμε να κάνουμε με διαφορετικούς ανθρώπους από όλα τα κοινωνικά στρώματα.

Έχετε σκεφτεί τι παρακινεί τους ανθρώπους Έχετε σκεφτεί ποτέ τι παρακινεί τους άλλους και τον εαυτό σας όσον αφορά τα καθημερινά κίνητρα και επιθυμίες; Έχετε καθορίσει τις κινητήριες δυνάμεις τους Σκεφτήκατε ποτέ τι σας οδηγεί; Ό,τι κι αν σας οδηγεί στο βιασύνη σας, είναι πολύ πιθανό να οδηγεί και άλλους.

Τι σας οδηγεί στη ζωή;

Η κατανόηση αυτής της ερώτησης ενός εκατομμυρίου δολαρίων μπορεί να κάνει μια δραματική διαφορά τόσο στον εαυτό σας όσο και στους πιο κοντινούς σας ανθρώπους - το κίνητρο είναι η δύναμη που κρατά τα πάντα σταθερά στη θέση τους.

Το να ανακαλύψετε τι παρακινεί τους ανθρώπους είναι το κλειδί για την κατανόησή τους, ωστόσο αυτό μπορεί να είναι δύσκολο επειδή όλοι είναι διαφορετικοί. Το παρελθόν και το παρόν κάποιου επηρεάζουν τους στόχους του που τον παρακινούν να προχωρήσουν στη ζωή παρά τις δυσκολίες που συναντούν στην πορεία.

Για να κατανοήσετε λοιπόν πλήρως τι παρακινεί τους ανθρώπους, είναι απαραίτητο να τους γνωρίσετε μεμονωμένα. Μέσω της άμεσης συνάντησης με ανθρώπους και της σύνδεσης σε οικείο επίπεδο, μπορείτε να μάθετε για τις προηγούμενες εμπειρίες τους, τους αγώνες που έχουν ξεπεράσει, τους βασικούς ανθρώπους στη ζωή τους και τυχόν όνειρα ή στόχους που ελπίζουν να επιδιώξουν στη ζωή - πληροφορίες που θα σας επιτρέψουν να συνδυάζουν την προσωπικότητά τους που αποκαλύπτει την κινητήρια δύναμή τους στη ζωή.

Σύμφωνα με ερευνητές και ψυχολόγους, όλοι οι άνθρωποι γεννιούνται με τρεις καθολικές ανάγκες που τους οδηγούν:

1. Η ανεξαρτησία -το κίνητρο για να κάνετε προσωπικές επιλογές- είναι πρωταρχικής σημασίας, ενώ 2. Η επάρκεια παρέχει κίνητρο για να σας αναγνωρίζουν κάτι.

3. Ανάγκη για σύνδεση--η επιθυμία να νιώθετε ότι σας εκτιμούν οι άλλοι [3]

Ως εκ τούτου, όταν προσπαθείτε να κατανοήσετε τα κίνητρα κάποιου για αλλαγή, δώστε ιδιαίτερη προσοχή στα θέματα που θίγει στη συνομιλία. Είναι η κινητήρια δύναμή τους η επιθυμία τους να ελέγχουν τις υποθέσεις, τα οικονομικά και άλλες πτυχές της ζωής τους; ή την επιθυμία τους να επιτύχουν υψηλότερες θέσεις στην εργασία με πιο ανταγωνιστικούς στόχους σταδιοδρομίας· ή μήπως είναι απλώς διαθέσιμο και παρόν για όσους βρίσκονται στη ζωή τους: φίλους, συναδέλφους ή οικογένεια;

Η συζήτηση μαζί τους θα δώσει μια ένδειξη για το τι τους παρακινεί. Αυτά τα τρία βασικά ένστικτα μπορεί να παρέχουν κίνητρο. Ωστόσο, υπάρχουν και άλλες δυνάμεις που επίσης διεγείρουν τα κίνητρα στα άτομα.

Μερικά άτομα βραβεύουν τη φήμη και τη δύναμη. Όταν βλέπετε άτομα υψηλής εξουσίας, όπως πολιτικούς, ιδιοκτήτες επιχειρήσεων ή αρχηγούς συμβουλίων συνδικάτων σε θέσεις όπως η πολιτική ή η ένταξη σε συμβούλιο συνδικάτων, πιθανότατα οδηγούνται από το να ανεβαίνουν περισσότερο στην καριέρα τους. Άλλοι βρίσκουν κίνητρο αναλαμβάνοντας ηγετικούς ρόλους σε ένα ίδρυμα ή μια χώρα, φέρνοντας αλλαγές μέσω πρωτοβουλιών που βελτιώνουν πράγματα όπως η παροχή υπηρεσιών ή η διαχείριση εγκαταστάσεων.

Μπορεί κανείς να δει αυτή την ορμή όχι μόνο μέσω του λόγου και των πράξεών του αλλά και στον τρόπο που ενεργούν. Για να συνδεθείτε με αυτούς τους τύπους ατόμων, να είστε άμεσοι, πραγματικοί και λογικοί. Εκτιμούν πολύ τον χρόνο τους. έτσι θα σε σεβαστούν αν σέβεσαι και τον χρόνο τους.

Όταν ορισμένα άτομα οδηγούνται από εξωτερικές δυνάμεις, άλλα βρίσκουν κίνητρα σε εγγενείς παράγοντες όπως το πάθος. Αυτό θα μπορούσε να περιλαμβάνει το ταξίδι στον κόσμο ή την εργασία προς κάτι που ωφελεί τους άλλους. Τα μάτια των ανθρώπων φωτίζονται όταν συζητούν θέματα που διεγείρουν το πάθος τους. συχνά κάνουν θυσίες ύπνου, ελεύθερου χρόνου ή υγείας για μεγαλύτερους στόχους.

Μόλις συνδεθείτε με κάποιον του οποίου το πάθος οδηγεί τις πράξεις του, η οικοδόμηση ενός συναισθηματικού δεσμού θα πρέπει να γίνει ευκολότερη. Η κατανόηση των επιρροών των ανθρώπων αφαιρεί κάθε εικασία σχετικά με τον καλύτερο τρόπο κατανόησης τους.

Η Ιεραρχία των Αναγκών του Maslow)
Προκειμένου να κατανοήσει καλύτερα το ανθρώπινο μυαλό και τα συναισθήματα, ο Abraham Maslow (ένας Αμερικανός ψυχολόγος) ανέπτυξε μια θεωρία ιεραρχίας αναγκών που απεικονίζει τις βασικές ανάγκες ως κίνητρα για τους ανθρώπους. Αυτή η θεωρία περιλαμβάνει πέντε επίπεδα στην αναπαράσταση της πυραμίδας.

Μόλις ικανοποιηθούν οι βασικές ανάγκες, εστιάζει κανείς στην επίτευξη πρόσθετων επιπέδων μέχρι να φτάσει στην απόλυτη ικανοποίηση και να φτάσει στο ανώτατο επίπεδο της πυραμίδας του.

Ο Maslow πίστευε ότι οι άνθρωποι παρακινούνταν να ικανοποιήσουν τις βασικές τους απαιτήσεις πριν προχωρήσουν σε πιο περίπλοκες απαιτήσεις.[4]

Ας αναλύσουμε αυτά τα πέντε επίπεδα ιεραρχίας για να κατανοήσουμε καλύτερα τι παρακινεί τα άτομα στη ζωή να προχωρήσουν περαιτέρω στις προσπάθειές τους.

Επίπεδο I: Φυσιολογικές Ανάγκες Μαθητών

Αυτές οι βασικές ανάγκες είναι απαραίτητες για την ανθρώπινη επιβίωση και περιλαμβάνουν:
* Νερό >> food.4vetement Ένδυση και στέγη.
* Ξεκούραση
Στη βάση της πυραμίδας βρίσκονται αυτές οι ανάγκες που καθορίζουν τη ζωή ή τον θάνατο. Ακόμη και με ισχυρές σχέσεις και αυτοπεποίθηση, χωρίς τροφή για επιβίωση θα κινδύνευε η ύπαρξή σας - όπως και οι σχέσεις σας καθώς οι βασικές σας ανάγκες παραμένουν ανεκπλήρωτες, πιθανότατα θα αναζητήσετε άλλες πηγές για να καλύψετε αυτό το κενό - όπως η προσπάθεια να γεμίσετε μια τετράγωνη τρύπα με στρογγυλά μανταλάκια!

Επίπεδο 2 της Ιεραρχίας των Αναγκών του Maslow Μόλις προχωρήσουμε στην κλίμακα των αναγκών του Maslow, η ασφάλεια και η ασφάλεια γίνονται κορυφαίες προτεραιότητες για εκείνους των οποίων οι φυσιολογικές ανάγκες έχουν ήδη εκπληρωθεί. Αυτές οι ανάγκες προκύπτουν από την επιθυμία για έλεγχο και τάξη στη ζωή και περιλαμβάνουν: * Υγεία και ευεξία * Οικονομική σταθερότητα Αρχικά, αυτές οι ανησυχίες μπορεί να έχουν περιορισμένη απήχηση, αλλά καθώς προχωράτε στην πυραμίδα του Maslow γίνονται πρωταρχικά ζητήματα, όπως για άτομα των οποίων οι φυσιολογικές ανάγκες έχουν ήδη ικανοποιηθεί
* Προστασία από τραυματισμούς και ατυχήματα Αυτές οι ανάγκες αναγκάζουν τα άτομα να αποκτήσουν καλή απασχόληση με δυνατότητα ανέλιξης, ασφαλή ασφάλιση υγείας, συνεισφορά σε λογαριασμούς ταμιευτηρίου και διαμονή σε ασφαλείς γειτονιές για προστασία από κλοπή και βία.

Ο Maslow περιγράφει το Επίπεδο 3 της ιεραρχίας του ότι περιλαμβάνει τις ανάγκες αγάπης και ιδιότητας ως εξής. Αυτές οι κοινωνικές ανάγκες περιλαμβάνουν το να ανήκεις, την αποδοχή και την αγάπη - συναισθηματικές ανάγκες που αντιστοιχούν σε διαπροσωπικές συνδέσεις και σχέσεις, όπως ρομαντικές σχέσεις, φιλίες, κοινωνικά περιβάλλοντα ή ομάδες κοινότητας που ικανοποιούν αυτά τα ένστικτα.
* Θρησκευτικές Οργανώσεις
Το να νιώθετε ότι σας αγαπούν και τους εκτιμούν οι άλλοι είναι το κλειδί για την καταπολέμηση των συναισθημάτων μοναξιάς, άγχους, κατάθλιψης και θλίψης. Οι

προσκολλήσεις δημιουργούν την αίσθηση του ανήκειν στη ζωή παρέχοντας ουσιαστικό σκοπό - ένας συναισθηματικός δεσμός είναι ζωτικής σημασίας για την παροχή κινήτρων για την ανθρώπινη συμπεριφορά σε αυτό το στάδιο της ανθρώπινης εξέλιξης.

Καθώς προχωράμε στην ιεραρχία των αναγκών του Maslow, οι απαιτήσεις γίνονται πιο περίπλοκες. Σε αυτό το στάδιο, οι ανάγκες σεβασμού είναι τα πρωταρχικά κίνητρα στους ανθρώπους - το να επιδοθούν στην επιθυμία τους για σεβασμό και θαυμασμό είναι αυτό που τα τροφοδοτεί όλα! Οι άνθρωποι αφιερώνουν περισσότερο χρόνο και προσπάθειές τους σε αθλητικές δραστηριότητες, επαγγελματικά επιτεύγματα, ακαδημαϊκές επιτυχίες ή οποιοδήποτε άλλο μέσο που συμβάλλει στην ικανοποίηση των απαιτήσεων αυτοεκτίμησης.

Οι άνθρωποι σε αυτό το στάδιο θέλουν να αισθάνονται ότι συνεισφέρουν ουσιαστικά στην κοινωνία και ότι είναι πολύτιμα μέλη. Η επίτευξη ευτυχίας σημαίνει να είναι ικανοποιημένοι με τον εαυτό τους, κάτι που με τη σειρά του ενδυναμώνει τους άλλους γύρω τους. Οι θετικές επιρροές στις ζωές των άλλων γίνονται σημαντικές πηγές επικύρωσης για τη βελτίωση των άλλων ζωών.

Τα άτομα που δεν μπορούν να ανταποκριθούν σε αυτό το επίπεδο αναγκών συχνά αναπτύσσουν ένα σύμπλεγμα κατωτερότητας και είναι ευαίσθητα σε θέματα χαμηλής αυτοεκτίμησης. ως αποτέλεσμα, πιστεύουν ότι δεν ανήκουν σε σχέσεις και ότι οι άλλοι θα ήταν καλύτερα χωρίς αυτούς. Αυτό με τη σειρά του επηρεάζει αρνητικά τις διαπροσωπικές σχέσεις καθώς αυτά τα αισθήματα κατωτερότητας τείνουν να προκαλούν ζημιά και να βλάπτουν τους διαπροσωπικούς δεσμούς ως αποτέλεσμα.

Ωστόσο, ακόμη και οι ανάγκες που πέφτουν στα υψηλότερα επίπεδα μπορούν να εξακολουθούν να έχουν σημαντική επίδραση στη συνολική ποιότητα ζωής.

Επίπεδο 5: Ανάγκες Αυτοπραγμάτωσης

Μόλις ικανοποιηθούν οι βασικές ανάγκες ενός ατόμου, μπορούν να προχωρήσουν στην κάλυψη των αναγκών αυτοπραγμάτωσης εξερευνώντας τον εσωτερικό του εαυτό και εφαρμόζοντας τα ταλέντα του για προσωπική ανάπτυξη. Σε αυτό το επίπεδο, ο απώτερος στόχος σας θα πρέπει να είναι η επίτευξη βαθιών επιπέδων εκπλήρωσης που θα διαρκέσουν σε όλη τη διάρκεια της ζωής σας.

Δεν υπάρχουν δύο άνθρωποι που να έχουν την ίδια ιδέα για τον ιδανικό εαυτό τους, ο οποίος επηρεάζει τις πράξεις τους. Μερικοί επικεντρώνονται στο να κερδίσουν περισσότερα χρήματα. Άλλοι προσπαθούν να κάνουν εντύπωση σε δημιουργικούς τομείς ή εθελοντές για κοινοτικές υπηρεσίες. άλλοι πάλι αναζητούν την εσωτερική ολοκλήρωση μέσω της αυτο-ανάπτυξης ή της ανταπόδοσης. Όλοι λαχταρούν να φτάσουν σε αυτήν την απόλυτη ικανοποίηση, αλλά οι αποτυχίες συχνά εμποδίζουν την πρόοδο - αρκετά άτομα προχωρούν στην πυραμίδα πριν φτάσουν τελικά σε αυτό το επίπεδο εκπλήρωσης.

Ο Maslow προσδιόρισε αυτό το ανώτατο επίπεδο ως «ανάγκες ανάπτυξης» ενώ τα τέσσερα χαμηλότερα ως «ελλιπείς ανάγκες». Όταν προσπαθείτε να εκπληρώσετε ανεπαρκείς ανάγκες, μπορεί να προκύψουν πτυχές που οδηγούν σε στέρηση σε διάφορες πτυχές, όπως έλλειψη τροφίμων, οικονομική πίεση ή αισθήματα απομόνωσης. Ανεβαίνοντας κάθε επίπεδο στην ιεραρχία των αναγκών του Maslow, η δυστυχία μπορεί να εξαλειφθεί ένα βήμα τη φορά.

Αντίθετα, εάν οι ανάγκες του επιπέδου πέντε δεν ικανοποιηθούν, δεν θα οδηγήσουν σε άμεσες δυσκολίες όσον αφορά τα τρόφιμα, τα οικονομικά ή την ασφάλεια. Μάλλον προέρχονται από την επιθυμία σας να εξελιχθείτε περαιτέρω ως άτομο και μπορεί να έχουν βαθιά επιζήμια αποτελέσματα στα επίπεδα ευτυχίας σας.

Η Θεωρία του Maslow συχνά απεικονίζει τον εαυτό της ως μια άκαμπτη ιεραρχία. Ωστόσο, πολλοί έχουν παρατηρήσει ότι η εκπλήρωσή του δεν ακολουθεί μια αταλάντευτη εξέλιξη που βασίζεται στις ατομικές ανάγκες κάποιου. Για παράδειγμα, κάποιοι μπορεί να δίνουν προτεραιότητα στις ανάγκες αυτοεκτίμησης έναντι των αναγκών αγάπης και αποδοχής ή ίσως το δημιουργικό επίτευγμα επισκιάζει ακόμη και θεμελιώδεις ανάγκες συνολικά. Όλα εξαρτώνται από τις προτεραιότητες ενός ατόμου.

Η Θεωρία των Αναγκών του Maslow παρέχει πέντε βασικές ανάγκες που περιλαμβάνουν συμπεριφορικά κίνητρα. Κατανοώντας ποιο σκαλοπάτι της πυραμίδας πέφτει ένα άτομο, μπορείτε να το κατανοήσετε καλύτερα και να επικοινωνήσετε αποτελεσματικά.

Το Τ ονομάζεται επιστήμη επειδή η κατανόηση κάτι τόσο περίπλοκου όπως η ανθρώπινη συμπεριφορά απαιτεί προσεκτική ανάλυση του νου και της συμπεριφοράς. Η ανάλυση τέτοιων μελετών σάς παρέχει εργαλεία όχι μόνο για να συμπάσχετε με τους ανθρώπους αλλά και να ανταποκρίνεστε κατάλληλα όταν φαίνονται θυμωμένοι, λυπημένοι, χαρούμενοι ή βιώνουν οποιοδήποτε άλλο συναίσθημα.

Έχετε σκεφτεί ποτέ τη Θεωρία των τεσσάρων ψυχολογικών λειτουργιών του Jung Έχετε βρεθεί ποτέ να αναρωτιέστε γιατί μερικοί άνθρωποι φαίνονται περισσότερο σαν στο σπίτι σε μεγάλες κοινωνικές συγκεντρώσεις ενώ άλλοι ανθίζουν περισσότερο όταν κρατούνται σε μικρότερα οικεία περιβάλλοντα; Αναρωτηθήκατε γιατί κάποιοι είναι πάντα έτοιμοι για διασκέδαση, ενώ άλλοι λαχταρούν για μια βραδιά ενδοσκοπική με ένα βιβλίο δίπλα στη φωτιά;

Επειδή η συνειδητή ενέργεια και τα ενδιαφέροντα κάθε ατόμου ρέουν προς διαφορετικές κατευθύνσεις με βάση τις προσωπικές ψυχολογικές του εμπειρίες και τις περιβαλλοντικές επιρροές, αυτή η θεωρία προτάθηκε από τον Ελβετό ψυχαναλυτή και ψυχολόγο Carl Jung. Σύμφωνα με τον ίδιο, ορισμένες στάσεις και λειτουργίες κυριαρχούν στην προσωπικότητα ως αντίθετες τάσεις που καθορίζουν τον κυρίαρχο τύπο προσωπικότητας της. Αυτές οι κατευθύνσεις καθορίζουν στη συνέχεια τον τύπο της στάσης του: εσωστρέφεια ή εξωστρέφεια.

Ο Jung σημείωσε ότι οι κυρίαρχες στάσεις ή λειτουργίες γίνονται μέρος της ανθρώπινης συνείδησης ενώ το αντίθετό τους αντιπροσωπεύει ασυνείδητα χαρακτηριστικά προσωπικότητας. Τέτοιες τάσεις εμφανίζονται συχνά υπό πίεση ή μέσα από όνειρα.

Πριν εξερευνήσουμε τη θεωρία των τεσσάρων ψυχολογικών λειτουργιών του Jung, ας ρίξουμε μια γρήγορη ματιά σε δύο στάσεις προσωπικότητας που περιγράφει ο ίδιος και αποτελούν τη βάση της.

Εσωστρέφεια εναντίον Εξωστρέφειας--Η κατάρρευση των στάσεων
Η εσωστρέφεια και η εξωστρέφεια αντιπροσωπεύουν τα αντίθετα άκρα ενός φάσματος στάσεων, που καθορίζονται από τον τρόπο με τον οποίο κάποιος εκπέμπει ενέργεια. Ο προσανατολισμός ενός ατόμου προς εξωτερικούς παράγοντες παίζει επίσης ρόλο.

Οι εσωστρεφείς τείνουν να αποσύρουν την ενέργειά τους από αντικείμενα και να διασφαλίζουν ότι οι εξωτερικές επιρροές δεν τους ασκούν δύναμη. Οι εξωστρεφείς από την άλλη πλευρά τείνουν να επεκτείνουν την ενέργεια σε μια προσπάθεια να σχηματίσουν ενεργές σχέσεις με αυτά τα αντικείμενα. Εξ ορισμού, οι εσωστρεφείς επικεντρώνονται στον εσωτερικό κόσμο ενώ οι εξωστρεφείς επικεντρώνονται περισσότερο στο εξωτερικό περιβάλλον - οι ψυχολόγοι σήμερα συμφωνούν με τη θεωρία του Jung ότι αυτές οι ιδιοσυγκρασίες μπορούν να μεταδοθούν γενετικά.

Η θεωρία του Jung δηλώνει ότι τείνουμε να ανταποκρινόμαστε με τέσσερις διαφορετικούς τρόπους με βάση τις κυρίαρχες στάσεις της προσωπικότητάς μας: Σκέψη, Αίσθηση, Διαίσθηση και Συναίσθημα.

Χώρισε περαιτέρω αυτές τις λειτουργίες σε δύο διακριτές ομάδες: Ορθολογικές (σκέψη και αίσθηση) και Παράλογες (διαίσθηση και συναίσθημα).

Η εσωστρέφεια και η εξωστρέφεια δεν μπορούν να κατανοηθούν μεμονωμένα. Μάλλον πρέπει να ιδωθούν στο πλαίσιο αυτών των τεσσάρων λειτουργιών για να δημιουργηθεί μια πλήρης εικόνα της προσωπικότητας ενός ατόμου. Αυτή η θεωρία επιχειρεί να καταδείξει την πολυπλοκότητα της ανθρώπινης τυπολογίας.

Η θεωρία του Jung υποστηρίζει ότι και οι τέσσερις λειτουργίες μπορεί να γίνουν κυρίαρχες σε διαφορετικούς χρόνους ανάλογα με τις εξωτερικές συνθήκες. Ωστόσο, μια λειτουργία ξεχωρίζει συνήθως λόγω εγγενών τάσεων ή αναπτυξιακών παραγόντων - έτσι τις περιγράφει η θεωρία του Γιουνγκ.

Σκέψη: Αυτή η μορφή αξιολόγησης βασίζεται στη λογική και τις εννοιολογικές αλληλεξαρτήσεις μεταξύ των αντικειμένων για την αξιολόγηση της αλήθειας ή του ψεύδους των εμπειριών, την ανάλυση της πραγματικότητας μέσω λογικής παρέμβασης και ανάλυσης και τη λήψη τεκμηριωμένων αποφάσεων. Η διαδικασία περιλαμβάνει συστηματική και ορθολογική σκέψη καθώς βοηθά στην κατανόηση της πραγματικότητας μέσω συστηματικής αλληλεπίδρασης και έρευνας.

Αίσθηση: Αυτή η λειτουργία αντιπροσωπεύει την αισθητική αξία που αποδίδεται σε μια εμπειρία χωρίς καμία λογική αξιολόγηση ή συλλογισμό. Αντίθετα, οι αισθήσεις γίνονται αντιληπτές με βάση το πώς εμφανίζονται τα πράγματα χωρίς δισταγμό. Οποιαδήποτε έννοια όπως το πλαίσιο, οι έννοιες, οι επιπτώσεις ή οι εναλλακτικές ερμηνείες είναι έξω από την εμβέλειά της και αντιπροσωπεύει τις πληροφορίες ακριβώς όπως φαίνεται στις αισθήσεις.

Διαίσθηση: Η διαισθητική λειτουργία επικεντρώνεται στο ένστικτο του εντέρου μας ή στη γενική αντίληψη των καταστάσεων παρά στη λεπτομερή ανάλυση ή στη λογική εξαγωγή. Η διαίσθηση παρέχει κατεύθυνση μέσω της κατανόησης των περιστάσεων, των σχέσεων και των λανθανόντων δυνατοτήτων σε καταστάσεις, χωρίς αποδείξεις ή στοιχεία που να το υποστηρίζουν. Η προσθήκη νοήματος σε συμβάντα μέσω της διαισθητικής ανάγνωσης καταστάσεων, ενώ παράλληλα επιλέγει μοτίβα που μπορεί να είναι λιγότερο αισθητά αμέσως είναι μέρος αυτής της λειτουργίας.

Αίσθημα: Το συναίσθημα είναι μια συναισθηματική λειτουργία που περιλαμβάνει την αξιολόγηση μιας κατάστασης με βάση τις προκαταλήψεις, τις συμπάθειες και τις αντιπάθειες κάποιου. Οι αποφάσεις λαμβάνονται με βάση προηγούμενες εμπειρίες που επηρεάζουν τα συναισθήματα για παρόμοιες καταστάσεις - κάτι που είναι πάντα υποκειμενικό.

Η θεωρία των τεσσάρων ψυχολογικών λειτουργιών του Jung τοποθετεί ορθολογικές και παράλογες λειτουργίες σε αντίθετα άκρα του φάσματος (δηλαδή, το συναίσθημα είναι αντίθετη σκέψη και η διαίσθηση είναι η αντίθετη αίσθηση), έτσι ώστε αν η αίσθηση είναι η κυρίαρχη λειτουργία σας, τότε η διαίσθηση δεν θα περιλαμβάνεται στις δευτερεύουσες λειτουργίες σας. μάλλον η σκέψη και το συναίσθημα θα παρέμεναν ενεργοί λήπτες αποφάσεων που εμπλέκονται εν αγνοία τους με τις διαδικασίες λήψης αποφάσεων.

Παρόμοια λογική ισχύει και για τα χαρακτηριστικά της προσωπικότητας (εσωστρέφεια και εξωστρέφεια). Εάν ο κυρίαρχος τρόπος σκέψης σας είναι εσωστρεφής, οι πιθανότητες είναι ότι ο υποσυνείδητος τρόπος συναισθημάτων σας θα είναι εξωστρεφής.

Οι άνθρωποι συχνά βρίσκουν δύσκολο να χρησιμοποιήσουν αποτελεσματικά τις δευτερεύουσες λειτουργίες τους, αλλά μέσω της εξάσκησης και της επίγνωσης των πράξεών σας μπορείτε να εξυψώσετε αυτές τις υποσυνείδητες ικανότητες σε μοτίβα συνειδητής σκέψης.

Η ανάγνωση των ανθρώπων μπορεί να γίνει γνωρίζοντας αν οι κυρίαρχες λειτουργίες τους κλίνουν προς το να είναι εσωστρεφείς ή εξωστρεφείς, κάτι που μπορείτε να συμπεράνετε μέσω κοινών ενδείξεων όπως οι κοινωνικές προτιμήσεις, η εκφραστικότητα ή ο κοινωνικός τους κύκλος. Μόλις καθοριστούν αυτές οι πληροφορίες, μπορείτε να προβλέψετε ποια λειτουργία χρησιμοποιούν συνήθως όταν λαμβάνουν αποφάσεις.

Από τη δεκαετία του 1970, οι ψυχίατροι έχουν χρησιμοποιήσει τη θεωρία της προσωπικότητας Enneagram για να προσδιορίσουν τα χαρακτηριστικά και τα χαρακτηριστικά των ατόμων. Περιλαμβάνει ένα διάγραμμα εννέα σημείων στο οποίο κάθε σημείο αντιπροσωπεύει έναν τύπο προσωπικότητας που αντιστοιχεί στο πώς σκέφτονται, αισθάνονται και ενεργούν οι άνθρωποι προς τον εαυτό τους και τους άλλους. Υπάρχουν 27 υποτύποι σε κάθε σημείο με τρία βασικά κέντρα που αντιπροσωπεύουν το συναίσθημα, τη δράση και τη σκέψη, τα οποία επηρεάζουν όλες τις συμπεριφορές μας σε διαφορετικά περιβάλλοντα, και τελικά καθορίζονται από τα υποκείμενα κίνητρά μας.

Το Enneagram επιδιώκει να χαρακτηρίσει τους ανθρώπους με βάση τα κυρίαρχα κίνητρα, τους φόβους και τις συμπεριφορές τους, προκειμένου να κατανοήσουν καλύτερα την προσωπικότητα ενός ατόμου. Όταν διαβάζετε άτομα που χρησιμοποιούν την ανάλυση Enneagram, οι τύποι προσωπικότητάς του παρέχουν βαθύτερες γνώσεις για τα δυνατά και τα αδύνατα σημεία ενός ατόμου καθώς και για το πώς σχετίζονται με την κοινωνία στο σύνολό της. Επιπλέον, το Enneagram βοηθά στην κατανόηση των κινήτρων πίσω από το γιατί τα άτομα ενεργούν με τον τρόπο που κάνουν.

Η θεωρία του Εννεάγραμμα υποστηρίζει ότι οι άνθρωποι γεννιούνται με έναν κυρίαρχο τύπο προσωπικότητας, αλλά αυτό μπορεί να αλλάξει λόγω εμπειριών και εξωτερικών παραγόντων. Τα εξωτερικά και εγγενή χαρακτηριστικά τείνουν να επηρεάζουν το ένα το άλλο. Τα ενστικτώδη χαρακτηριστικά της προσωπικότητας καθορίζουν πώς ανταποκρίνεται κάποιος σε στρεσογόνες καταστάσεις. που με τη σειρά του διαμορφώνει την προσωπικότητά τους είτε σε ανήσυχο είτε σε ήρεμο.

Αυτό το θεωρητικό σύστημα υπογραμμίζει περαιτέρω το γεγονός ότι οι άνθρωποι δεν εντάσσονται σωστά σε μία κατηγορία. Αντίθετα, οι προσωπικότητες τους αποτελούνται από πολλαπλά χαρακτηριστικά που συνδυάζουν βασικούς τύπους, με μερικά πρόσθετα "φτερά", γνωστά ως τροποποιητές ιδιοσυγκρασίας ή φτερά. Αν και τα φτερά έχουν κάποια επιρροή στην ιδιοσυγκρασία, δεν αλλάζουν σημαντικά τους κυρίαρχους τύπους προσωπικότητας. Σύμφωνα με αυτή τη θεωρία, τα βασικά χαρακτηριστικά τείνουν να παραμένουν σταθερά με την πάροδο του χρόνου, αν και συγκεκριμένα μπορεί να αλλάξουν λόγω εξωτερικών επιρροών όπως οι συνήθειες και η υγεία.

Τα άτομα μπορεί να έχουν πολλά χαρακτηριστικά προσωπικότητας, με τον κυρίαρχο τύπο να ξεχωρίζει πάντα ως το πιο σημαντικό για αυτά. Ένα τεστ Enneagram μπορεί να βοηθήσει στον εντοπισμό αυτών των χαρακτηριστικών προσωπικότητας.

Τώρα, ας εξετάσουμε: ποιοι είναι οι εννέα τύποι προσωπικότητας που βρίσκονται στο Εννεάγραμμα της προσωπικότητας; Ας τα εξετάσουμε περαιτέρω.

Τύπος Εννεάγραμμα 1 -- Μεταρρυθμιστές Αρχών Τα άτομα που ανήκουν σε αυτόν τον τύπο προσωπικότητας οδηγούνται από την επιθυμία να ενεργούν ηθικά και ηθικά δίκαια. Εκτιμούν την ακεραιότητα, τις αρχές, τον αυτοέλεγχο και την τελειότητα σε όλους τους τομείς της ζωής. Οι Τύποι Πρώτοι τείνουν να είναι αποδεκτοί τόσο προς τον εαυτό τους όσο και με τους γύρω τους, ενώ προσπαθούν για αυτοκυριαρχία και αριστεία σε όλους τους τομείς της ζωής τους. Τείνουν να είναι αποδεκτοί τόσο προς τον εαυτό τους όσο και με τους κοντινούς τους, αλλά μερικές φορές μπορεί να γίνουν δυσανεκτικοί και επικριτικοί όταν εμφανίζονται οι ατέλειές τους ή τους κάνουν να αισθάνονται ανεπαρκείς ή ανεπαρκείς.

Οι Τύποι Πρώτοι συνήθως κατοικούν στο κέντρο δράσης του Εννεάγραμμα, αν και η δράση και ο έλεγχός τους τείνουν να προέρχονται από μέσα - μέσω αρχών, πειθαρχίας και αυτοπειθαρχίας. Αυτές οι αρχές χρησιμεύουν ως η καθοδηγητική τους δύναμη και κάνουν τους Ones να φαίνονται οργανωμένοι και εστιασμένοι στην ποιότητα.

Τα άτομα που ανήκουν σε αυτήν την κατηγορία τείνουν να έχουν μια οξεία αίσθηση του σωστού και του λάθους, θέτοντας υψηλά πρότυπα τόσο για τους ίδιους όσο και για τους ανθρώπους γύρω τους. Ο εσωτερικός τους διάλογος συχνά περιλαμβάνει πολλές δηλώσεις «πρέπει» ή «πρέπει», καθώς κρατούν έναν εσωτερικό πίνακα αποτελεσμάτων ενάντια στον εαυτό τους, που ενδεχομένως οδηγεί σε επέκταση και συστολή στη ζωή τους.

Είναι γνωστό ότι βιώνουν συχνές κρίσεις θυμού, αν και συνήθως τον κρατούν υπό έλεγχο. Ο θυμός τους συνήθως εκδηλώνεται με αγανάκτηση ή εκνευρισμό όταν οι άλλοι επιδίδονται σε ανεύθυνη ή ανήθικη συμπεριφορά. Σε ακραίες περιπτώσεις εκδηλώνεται σε παθητική-επιθετική συμπεριφορά όπου η σωματική τους ακαμψία αυξάνεται ενώ γίνονται ασυνήθιστα ευγενικοί παρά το γεγονός ότι είναι επικριτικοί προς τους άλλους και συχνά φαίνονται μη δεκτικοί στην κριτική από εξωτερικές πηγές, οδηγώντας τους στο μονοπάτι προς την απογοήτευση και τελικά τον θυμό.

Ο Τύπος Πρώτος είναι σχετικά σπάνιος - σύμφωνα με μια μελέτη με περισσότερους από 54.000 ερωτηθέντες, μόνο το 10% αποτελείται από τον Τύπο πρώτο.[6]

Εννεάγραμμα Τύπος 2--Συνελογημένοι βοηθοί

Οι τύποι Δύο έχουν μια εγγενή επιθυμία να αισθάνονται αγαπητοί από τους ανθρώπους γύρω τους, δίνοντας μεγάλη σημασία στην καλλιέργεια ουσιαστικών συνδέσεων και γενναιοδωρίας, καλοσύνης και ανιδιοτέλειας. Στόχος τους είναι να κάνουν τον κόσμο ένα στοργικό περιβάλλον, δίνοντας υποστήριξη και προσοχή στους πιο κοντινούς τους ανθρώπους.

Στα καλύτερά τους, οι Type Twos μπορεί να είναι ζεστά, στοργικά και γενναιόδωρα άτομα που μοιράζονται σεμνότητα και ταπεινότητα με τον κόσμο. Δυστυχώς, τα λιγότερο υγιή Twos μπορεί να φαίνονται εγωκεντρικά και χειριστικά, δίνοντας μόνο για μια ανταμοιβή. Η εσωτερική τους φωνή τους λέει ότι αξίζουν μόνο εάν οι άλλοι τους αγαπούν και τους χρειάζονται και αυτό μπορεί να τους παρακινήσει να υπερεκταθούν και να δώσουν περισσότερα από όσα χρειάζεται.

Τα μοτίβα δράσης των Twos καθοδηγούνται από την επιθυμία τους να αναπτύξουν σχέσεις. Ως εκ τούτου, καταβάλλουν ενέργεια και προσπάθεια για να σφυρηλατήσουν στενούς δεσμούς και φιλίες, προσελκύοντας τους ανθρώπους με γενναιόδωρες χειρονομίες επαίνου ή κομπλιμέντα που κάνουν τους άλλους να νιώθουν ξεχωριστοί και εκτιμημένοι. Τα δύο άτομα τείνουν να παρέχουν εξαιρετικές υπηρεσίες παροχής συμβουλών τόσο γρήγορα όσο ανταποκρίνονται όταν κάποιος χρειάζεται βοήθεια ή αισθάνονται ότι κάποιος θα μπορούσε ενδεχομένως να βλάψει αυτούς που ενδιαφέρονται.

Οι διαδικασίες σκέψης του Twos καθοδηγούνται από τη σκέψη και τη στοχαστικότητα. Συντονίζονται με τις ανάγκες των άλλων - ακόμα και εκείνων που δεν γνωρίζουν τις επιθυμίες τους - κάτι που κάνει τις σκέψεις τους να καταναλώνονται συχνά από άλλους ανθρώπους και πώς να συνδεθούν μαζί τους με ουσιαστικούς τρόπους. Ως αποτέλεσμα, ένα σημαντικό μέρος της ψυχικής ενέργειας μπορεί να αφιερωθεί στην προσπάθεια σύνδεσης.

Τα δύο άτομα τείνουν να απολαμβάνουν μεγάλη ευχαρίστηση όταν νιώθουν απαραίτητοι, κάτι που μπορεί να μεταφραστεί σε περήφανη αυτοεκτίμηση ή υπερβολική αίσθηση της σημασίας τους και τελικά να υπονομεύσει τις διαπροσωπικές σχέσεις.

Τα συναισθήματα των Twos τείνουν να εκδηλώνονται εξωτερικά ως ζεστή και υποστηρικτική ενέργεια. Η έντονη ενσυναίσθησή τους τα κάνει ικανά να αισθάνονται τα συναισθήματα των άλλων και να ανταποκρίνονται ανάλογα, και ενώ είναι γενικά φιλικά προς τους ανθρώπους, μερικές φορές μπορούν να εκπλήξουν με τον αυξημένο θυμό τους όταν νιώθουν ότι τους έχουν αγνοήσει ή τους φέρονται άδικα. Τα δύο άτομα είναι δυναμικά όταν προστατεύουν εκείνους που τους ενδιαφέρουν όταν αντιλαμβάνονται ότι τους φέρονται άδικα και βιώνουν συναισθηματικό πόνο εάν τους αγνοήσουν ή τους αγνοήσουν.

Οι τύποι δύο αποτελούν περίπου το 11 τοις εκατό του πληθυσμού, με τις γυναίκες να είναι πιο διαδεδομένες σε αυτό το ποσοστό από τους άνδρες.

Enneagram Type 3--Competitive Achiever

Τα ανταγωνιστικά επιτεύγματα παρακινούνται από την επιθυμία να ξεπεράσουν τον εαυτό τους και να ξεπεράσουν τα προηγούμενα επιτεύγματα με μεγαλύτερα. Τα αποτελέσματα, η αναγνώριση και η αποτελεσματικότητα αποκτούν ύψιστη σημασία στα μάτια τους, οδηγώντας τους να προσαρμόζουν τις ενέργειές τους ανάλογα με τις περιστάσεις, προκειμένου να φτάσουν σε νέα επίπεδα επιτευγμάτων.

Στην καλύτερη περίπτωση, αυτά τα άτομα μπορούν να θεωρηθούν ως άτομα με αρχές, εργατικά και με κίνητρα, που διαδίδουν την ακεραιότητα και την ελπίδα σε όλο τον κόσμο. Ωστόσο, μερικές φορές η επιθυμία τους για επιτυχία μπορεί να τους κατατρώει σε τέτοιο βαθμό που να τους απομακρύνει από σημαντικές σχέσεις στη ζωή - κάνοντάς τους να αισθάνονται ιδιαίτερα σημαντικοί για τον εαυτό τους και αυξάνοντας την αίσθηση της αξίας τους με πράξεις και όχι με λόγια.

Οι δράστες τείνουν να ενεργούν με σχέδια δράσης προσανατολισμένα στο στόχο. Η ενέργεια και η εστίασή τους κατευθύνεται προς την αποτελεσματική ολοκλήρωση των εργασιών. Πολλοί που ανήκουν σε αυτόν τον τύπο προσωπικότητας μπορούν εύκολα να αλλάξουν την προσωπικότητά τους ώστε να ταιριάζουν σε οποιαδήποτε συμπεριφορά, ρόλο ή προσδοκίες αναμένεται από αυτούς. Η ανταγωνιστική τους φύση εκδηλώνεται συχνά κατά τη διάρκεια ψυχαγωγικών δραστηριοτήτων ή στην εργασία - τα άτομα αυτού του τύπου προσωπικότητας τείνουν να βρίσκουν δραστηριότητες ή διαγωνισμούς που τους επιτρέπουν να λάμψουν περισσότερο, ενώ οι κοινωνικοί τριάδες προτιμούν τους ομαδικούς αγώνες ως ευκαιρίες για να δείξουν ηγετικές ιδιότητες μέσα στις ομάδες - εμφανίζονται ενεργητικοί και σίγουροι οποιαδήποτε δεδομένη στιγμή.

Τα μοτίβα σκέψης των Τριών δίνουν στην προσωπικότητά τους ένα αισιόδοξο πλεονέκτημα. Βλέπουν τις αποτυχίες ως ευκαιρίες για μάθηση αντί να τους αφήνουν να τους εμποδίζουν να προχωρήσουν προς τους στόχους τους. Οι τρεις τείνουν να δίνουν έμφαση σε πληροφορίες που υποστηρίζουν την άποψή τους ενώ αγνοούν τους άλλους. Η επιτυχία τους έγκειται στην ικανότητά τους να επικεντρώνονται στα σωστά πράγματα και να λαμβάνουν υπολογισμένες αποφάσεις. Η γρήγορη διαδικασία σκέψης τους επιτρέπει να κατανοήσουν γρήγορα οποιαδήποτε κατάσταση πριν προσαρμοστούν με τις κατάλληλες δεξιότητες επικοινωνίας και δέσμευσης για να κάνουν τα πράγματα να πάνε σύμφωνα με το σχέδιο.

Ο ανταγωνισμός τους προκύπτει από την επιθυμία τους να συγκρίνουν τον εαυτό τους με τους άλλους και να κρίνουν τον εαυτό τους για το πόσο καλά ή κακώς συγκρίνονται, συχνά βυθίζονται πλήρως στη δουλειά τους, μέχρι να γίνει μέρος αυτού που είναι ως άτομο.

Τα συναισθήματά τους τους επιτρέπουν να απεμπλακούν συναισθηματικά από οποιαδήποτε κατάσταση και να λάβουν αντικειμενικές, ορθολογικές αποφάσεις. Τα αρνητικά τους συναισθήματα - όπως το άγχος, ο φόβος και το άγχος - δεν τα καταναλώνουν, ωστόσο εξακολουθούν να βιώνουν απογοήτευση και θυμό.

Οι τρίτες στοχεύουν να αποφύγουν να μπουν στην κακή πλευρά των ανθρώπων όποτε είναι δυνατόν, εάν μπορεί να συμβάλει στην επιτυχία τους με οποιονδήποτε τρόπο. Γνωρίζουν πώς οι άνθρωποι μπορούν να ανταποκριθούν στις στάσεις και τις πράξεις τους. Αν και μπορεί να φαίνονται φιλικοί από έξω, μέσα τους μπορεί να αισθάνονται δυσπιστία προς τους άλλους. Η εστίασή τους έγκειται στην προβολή εμπιστοσύνης στους άλλους, καταστέλλοντας έτσι οτιδήποτε αφαιρεί την εστίασή τους από το να το κάνουν αυτό. άλλοι μπορεί να αντιλαμβάνονται τους Τρεις ως ασυγκίνητους ή ακόμη και σοβαρούς λόγω αυτής της συμπεριφοράς.

Οι Τρεις Τύποι Εννεάγραμμα είναι από τους πιο σπάνιους τύπους προσωπικότητας. Από τους 54.000 συμμετέχοντες που συμμετείχαν σε μια μελέτη που αναφέρθηκε προηγουμένως, μόνο το 11% ταυτίστηκε με αυτόν τον τύπο προσωπικότητας. οι περισσότεροι αυτοπροσδιορίστηκαν ως άνδρες.

Εννεάγραμμα Τύπος 4--Έντονο δημιουργικό
Τα Enneagram Type Fours οδηγούνται να εκφράσουν τη μοναδική τους δημιουργικότητα μέσα από λέξεις, δουλειά ή οποιαδήποτε άλλη διέξοδο - συμπεριλαμβανομένης της ίδιας της γλώσσας! Καθώς εκτιμούν τον ατομικισμό δίνουν μεγάλη σημασία στην αυτοέκφραση και στα συναισθήματα.

Ρομαντικοί στην καρδιά και θαυμαστές της ομορφιάς, οι Fours είναι αληθινοί δημιουργικοί με την πραγματική έννοια. Στην καλύτερη περίπτωση, όσοι ανήκουν σε αυτήν την κατηγορία είναι ευαίσθητοι αλλά και ικανοποιημένοι, με μια αυθεντική αίσθηση που τους κάνει μοναδικούς στο είδος τους. Στη χειρότερη μπορεί να εμφανιστούν ως ιδιοσυγκρασιακά ή μελαγχολικά λόγω της επίγνωσης των ελαττωμάτων και των πληγών τους. Η αυτοομιλία τους περιλαμβάνει την αναζήτηση σκοπού στη ζωή εκφράζοντας τον εαυτό τους αυθεντικά.

Οι ενέργειες των τεσσάρων οδηγούνται από την ανάγκη τους να εκφραστούν. Ευδοκιμούν μοιράζοντας βαθιές εμπειρίες με αυτούς που φροντίζουν, συχνά αντλώντας από τον εσωτερικό τους καλλιτέχνη ή χρησιμοποιώντας σύμβολα. Η εκκεντρική τους προσωπικότητα συχνά τους αφήνει απογοητευμένους και απογοητευμένους όταν εκτελούν κουραστικές εργασίες που δεν εκπληρώνουν τις επιθυμίες τους.

Οι τέσσερις τείνουν να χρησιμοποιούν δηλώσεις όπως "εγώ", "εγώ" και "δικό μου", οι οποίες μοιράζονται προσωπικές εμπειρίες με ένα κοινό. Αν και αυτό μπορεί να φαίνεται στην αρχή αυτο-απορροφημένο, αυτός είναι στην πραγματικότητα ο τρόπος τους να συνδέονται με τους άλλους και να χτίζουν σχέσεις.

Τα μοτίβα σκέψης σας πηγάζουν από την ανάγκη σας να γεμίσετε τυχόν τρύπες στη ζωή σας, όπως να λείπουν κομμάτια του εαυτού σας. Τείνουν να εσωτερικεύουν αρνητικές πληροφορίες για τον εαυτό τους ενώ αγνοούν τα θετικά δεδομένα – οδηγώντας τους να εσωτερικεύουν αρνητικά μηνύματα για τον εαυτό τους ενώ απορρίπτουν οποιαδήποτε θετική είδηση, κάτι που με τη σειρά του μπορεί να προκαλέσει αντιδράσεις κάθε φορά που κάποιος προτείνει αρνητικές επιπτώσεις για αυτούς. Η κρίση τους θολώνεται από τα συναισθήματα, καθώς η κρίση τους βασίζεται σε μεγάλο βαθμό στα συναισθήματα και όχι στη λογική - αυτό συχνά οδηγεί στη λήψη μεροληπτικών αποφάσεων λόγω αυτής της προκατάληψης στην κρίση που βασίζεται στην εμπειρία ή στις συναισθηματικές συνδέσεις που αποτελούν τη βάση για τη λήψη σημαντικών αποφάσεων.

Η ενδοσκοπική φύση των Fours τείνει να τα οδηγεί σε έναν εσωτερικό δρόμο σκέψεων που μερικές φορές είναι πολύ βαθύς για την άνεσή τους, οδηγώντας τους σε αρνητικά μονοπάτια σκέψης που τελικά μειώνουν την αυτοεκτίμησή τους και τους οδηγούν σε παρεξήγηση από άλλους ανθρώπους.

Τα συναισθήματα των τεσσάρων είναι το μεγαλύτερο πλεονέκτημά τους. τους βοηθούν να αισθάνονται συνδεδεμένοι με τον κόσμο και με άλλους. Επιπλέον, οι Fours έχουν πλήρη

επίγνωση των συναισθημάτων των άλλων - συχνά περισσότερο από τον εαυτό τους!
Δυστυχώς, οι Τέσσερις τείνουν να μένουν πολύ καιρό στα συναισθήματά τους, κάτι που τους
κάνει να φαίνονται βαθιά, έντονα και κυκλοθυμικά.

Οι τέσσερις πιστεύουν ότι η εμπειρία των συναισθημάτων τους -είτε λύπη είτε ευτυχία-
τους επιτρέπει να εξερευνήσουν ποιοι είναι πραγματικά. Τα συναισθήματά τους συχνά
κυμαίνονται με τις αλλαγές στον κόσμο γύρω τους, αν και η θλίψη, η λαχτάρα και η απώλεια
τείνουν να επηρεάζουν περισσότερο από την ευτυχία και μπορεί να τους κάνουν να φαίνονται
μελαγχολικοί ή απομακρυσμένοι από την κοινωνία. Δυστυχώς, συχνά παίρνουν τα πράγματα
πολύ στα σοβαρά και χρειάζονται κάποια ελαφρότητα στη ζωή τους.

Τα άτομα τύπου Τέσσερα τείνουν να είναι μοναδικά άτομα που ξεχωρίζουν από το
πλήθος με το ατομικιστικό στυλ και το ταλέντο τους, κάνοντας συχνά να ξεχωρίζουν στο
πλήθος. [7]

Enneagram Type 5--Quiet Investigator
Οι πέντε είναι γνωστοί για την ενδοσκοπική τους φύση, που οδηγούνται από μια
εσωτερική επιθυμία να αποκαλύψουν την αλήθεια και να κατανοήσουν τους άλλους για τη
λήψη αποφάσεων. Όταν προσπαθούν να κατανοήσουν το περιβάλλον τους, οι Fives δίνουν
μεγάλη αξία στη γνώση και την αντικειμενικότητα όταν λαμβάνουν αποφάσεις που
βασίζονται σε αντικειμενική γνώση. Οι Πέντε δίνουν επίσης προτεραιότητα στην
ανεξαρτησία έναντι οτιδήποτε άλλου και διατηρούν συνείδηση των οικονομικών
αποταμιεύσεων σε αντίθεση με το να ζητούν από άλλους βοήθεια ή να ζητούν από άλλους
υποστήριξη όταν λαμβάνουν οικονομικές αποφάσεις. Επιπλέον, σέβονται την ιδιωτική ζωή
δίνοντας στους άλλους αρκετό χώρο για να ζήσουν.

Άλλοι συχνά βλέπουν τους Fives ως σοφούς και οραματιστές, με μη προσκολλήσεις που
επιτρέπουν ουσιαστικές συνδέσεις με τους ανθρώπους. Στη χειρότερη περίπτωση, οι Fives
μπορεί να φαίνονται έξυπνα αλαζονικοί ή αποκομμένοι από τα συναισθήματά τους καθώς
συχνά υποχωρούν σε καταστάσεις ενδοσκοπικές για να προσπαθήσουν να κατανοήσουν τον
κόσμο γύρω τους.

Οι πέντε άνθρωποι εστιάζουν τις ενέργειές τους γύρω από την απόλαυση της μοναξιάς και
της δικής τους παρέας, δίνοντας μεγάλη σημασία στην «ιδιωτικότητα», αν και κάθε άτομο
μπορεί να την ορίσει διαφορετικά. Χρησιμοποιούν μόνοι τους χρόνο για να επαναφορτίσουν
τους πόρους και να θέτουν όρια με τους άλλους ενώ είναι ανεξάρτητοι - αυτό συχνά
περιλαμβάνει αλλαγές στη ρουτίνα ή στο περιβάλλον για να διατηρήσουν την αυτονομία
τους χωρίς να εξαρτώνται. Αυτές οι αλλαγές θα μπορούσαν να περιλαμβάνουν την υιοθέτηση
μινιμαλιστικού τρόπου ζωής ή τη συσσώρευση στο ένα άκρο ή στο άλλο άκρο.

Οι πέντε τείνουν να είναι συντηρητικοί με τον τρόπο με τον οποίο χρησιμοποιούν τους
διαθέσιμους πόρους, καθώς αυτό μπορεί να εμποδίσει την ανεξαρτησία τους. Μπορεί να
φαίνονται απόμακροι ή αδιάφοροι μέχρι να εμφανιστεί κάτι που τους ενδιαφέρει - οπότε θα
τους βρείτε να ανταποκρίνονται σε μεγάλο βαθμό και να επικοινωνούν, να μοιράζονται
πληροφορίες με άλλους.

Η σκέψη βρίσκεται στον πυρήνα της ύπαρξής τους, καθώς πιστεύουν ακράδαντα ότι η γνώση είναι δύναμη. Η δίψα τους για γνώση τους ωθεί να εξερευνήσουν πληροφορίες σε βάθος. Αν κάτι τραβούσε το ενδιαφέρον τους, θα έκαναν κάθε προσπάθεια για να το κατακτήσουν και να καθιερωθούν ως ειδικοί σε αυτόν τον τομέα.

Το μυαλό είναι ένας ιερός χώρος όπου μπορούν να βρουν παρηγοριά από την υπόλοιπη ζωή. Τα άτομα με αυτό το ταλέντο μπορούν να οργανώσουν πληροφορίες σε διάφορα τμήματα στο μυαλό τους - είτε πρόκειται για γεγονότα, ημερομηνίες ή άλλα γεγονότα - προκειμένου να διατηρήσουν το ενδιαφέρον τους για διάφορα θέματα, δημιουργώντας σαφή όρια μεταξύ των διαφόρων πτυχών των σχέσεων και της ζωής.

Οι συναισθηματικές τους καταστάσεις επηρεάζονται σε μεγάλο βαθμό από την εγκεφαλική τους ικανότητα, καθώς τείνουν να κατανοούν τα συναισθήματά τους διανοούμενοι και εμπιστευόμενοι στο μυαλό τους για να τα κατανοήσουν. Δυστυχώς, αυτό τους δυσκολεύει να διαχωρίσουν συναισθήματα και σκέψεις, κάτι που τους αφήνει συχνά εξαντλημένους μετά από συναισθηματικά φορτισμένα γεγονότα ή ανοιχτά έργα.

Κάποιος μπορεί να εξαντληθεί όταν διαχειρίζεται συνεχώς προσωπικούς πόρους και ενέργεια, ωστόσο η ικανότητά του να αποσπάται από τα συναισθήματα μπορεί να βοηθήσει στη διαχείριση της ενέργειας πιο αποτελεσματικά. Αποσπώντας τον εαυτό τους, αποκτούν εξουσία για το πότε θα αναθεωρήσουν ή θα ξαναζήσουν τα συναισθήματα όποτε τους βολεύει, κάτι που επιτρέπει την περαιτέρω συναισθηματική επεξεργασία όποτε τους βολεύει. Η συναισθηματική τους αποστασιοποίηση εξυπηρετεί δύο λειτουργίες - τους επιτρέπει να ελέγχουν πιο εύκολα τα συναισθήματα καθώς και να προστατεύουν από τον πόνο και τον πόνο. Δυστυχώς αυτός ο μηχανισμός αντιμετώπισης τους κάνει μερικές φορές να φαίνονται ψυχροί ή απομακρυσμένοι από τους άλλους. Ωστόσο, αυτή η στρατηγική δημιουργεί μια εσωστρεφή και ισορροπημένη προσωπικότητα.

Οι τύποι πέντε είναι σπάνιοι τύποι προσωπικότητας. Μια έρευνα με 54.000 ανταποκριτές αποκάλυψε ότι μόνο το 10% των συμμετεχόντων εμπίπτει σε αυτόν τον τύπο προσωπικότητας κατά μέσο όρο και είναι πιο διαδεδομένος στους άνδρες σε σύγκριση με τις γυναίκες (14% για τους άνδρες συμμετέχοντες και 7% για τις γυναίκες).

Εννεάγραμμα Τύπος 6--Οι πιστοί Σκεπτικοί Έξι οδηγούνται από μια έντονη επιθυμία για ένταξη και ασφάλεια. αυτό οδηγεί τις αποφάσεις και τις σχέσεις τους. Καθώς προσπαθούν για ασφάλεια σε κάθε κατάσταση, οι έξι εκτιμούν τους ανθρώπους που επιδεικνύουν πίστη ενώ είναι υπεύθυνοι. Συχνά επιδεικνύουν θάρρος ενώ συνδέονται βαθιά με τον εαυτό τους - δίνοντας στους γύρω τους δώρα εμπιστοσύνης και αφοσίωσης ως αντάλλαγμα. Τα ανθυγιεινά εξάρια τείνουν να ανησυχούν υπερβολικά, ενώ αφήνουν τον φόβο να μειώσει την άμυνά τους, με αποτέλεσμα να φαίνονται καχύποπτοι, αμφισβητούμενοι ή ανήσυχοι.

Η εσωτερική τους αυτοσυζήτηση τους λέει ότι ο κόσμος μπορεί να είναι ένα ανασφαλές και σκληρό μέρος, επομένως το να είσαι προετοιμασμένος και πιστός σε αυτούς που νοιάζεσαι είναι βασικά συστατικά της επιβίωσης. Προσπαθούν να μην φοβούνται αυτό που τους περιμένει εκεί έξω και παραμένουν φρουροί, προσέχοντας πάντα τον εαυτό τους ενάντια στη σκληρότητά του.

Τα έξι συνήθως παρουσιάζουν ένα από τα δύο μοτίβα δράσης. Είτε επιδεικνύουν συμπεριφορά φόβου και αποφυγής για να αποφύγουν συναισθηματικά συντριπτικές καταστάσεις είτε προσπαθούν να αντιμετωπίσουν το άγχος κατά μέτωπο αντιμετωπίζοντάς το κατάματα. Οι περισσότεροι Sixes πέφτουν κάπου ανάμεσα σε αυτά τα άκρα. η συμπεριφορά τους θα αλλάξει ανάλογα με τις συνθήκες στη ζωή τους.

Ορισμένα άτομα που ανήκουν σε αυτόν τον τύπο προσωπικότητας συχνά επιδίδονται σε ριψοκίνδυνη συμπεριφορά για να αποδείξουν στον εαυτό τους και στους άλλους ότι είναι θαρραλέοι και ατρόμητοι, είτε αυτό εκδηλώνεται ως ριψοκίνδυνες περιπέτειες είτε λεκτικές πράξεις εναντίον ατόμων με αντιφοβικά πρότυπα. Οι Έξι είναι γνωστοί για το ότι εργάζονται επιμελώς, με συνέπεια, με αφοσίωση και συνέπεια, ενώ δίνουν μεγάλη αξία στην υπευθυνότητα, την πίστη και την πλήρη αφοσίωση σε κάθε εργασία. Η αξιοθαύμαστη εργασιακή τους ηθική τους καθιστά πολύτιμους υπαλλήλους, γεγονός που κάνει τους άλλους ανθρώπους άνετα να τους παραδίδουν έργα.

Οι έξι τείνουν να αποφεύγουν προβλήματα όταν είναι δυνατόν. Όταν έρχονται αντιμέτωποι με μια δυσάρεστη κατάσταση, ωστόσο, τα πρότυπα σκέψης τους τους παρακινούν να αναλύσουν κριτικά τις απειλές και τους κινδύνους, προκειμένου να παραμείνουν συντονισμένοι με το περιβάλλον τους και να αναγνωρίσουν όλες τις πιθανές προκλήσεις και προβλήματα που μπορεί να προκύψουν. Αν και έχουν την ικανότητα να λύνουν τα προβλήματά τους γρήγορα και αποτελεσματικά, η απάντησή τους μπορεί μερικές φορές να περιλαμβάνει «ναι, αλλά» που δυσχεραίνει την επικοινωνία μεταξύ όλων των εμπλεκόμενων μερών.

Τα άτομα με αυτόν τον τύπο προσωπικότητας έχουν επίγνωση της εξουσίας τους στη σκέψη τους. Ενώ αισθάνονται ότι προστατεύονται και υποστηρίζονται από πρόσωπα εξουσίας, ανησυχούν επίσης μήπως απογοητευτούν ή απογοητευτούν από τους άλλους. Η διαδικασία σκέψης τους περιλαμβάνει το να θέτουν στον εαυτό τους εσωτερικές ερωτήσεις που χρησιμεύουν ως «εσωτερικές επιτροπές», με πολλά ανέκφραστα συναισθήματα να διερευνώνται παράλληλα με προφανή.

Τα συναισθήματά τους συχνά επικεντρώνονται γύρω από το άγχος καθώς επικεντρώνονται στα χειρότερα σενάρια στις καθημερινές συναλλαγές, συχνά βιώνουν πανικό ή ήπια ανησυχία. ή πιο έντονες μορφές όπως ο τρόμος και ο τρόμος. Η συναισθηματική τους απόκριση επιτρέπει τη γρήγορη πρόσβαση ανά πάσα στιγμή. αλλά δυστυχώς αυτό σημαίνει να επαναλαμβάνουν ανησυχητικά σενάρια στο μυαλό τους ακόμα και όταν τα πράγματα πάνε καλά στη ζωή τους. τείνει να μειώνει τα θετικά συναισθήματα, ενώ αντ' αυτού ασχολείται με τα αρνητικά.

Με το να εναρμονίζονται βαθιά με τα συναισθήματά τους, πολλοί άνθρωποι τείνουν να προβάλλουν ασυνείδητα τα συναισθήματα, τις ελπίδες, τις σκέψεις και τους φόβους τους σε αυτούς που βρίσκονται μπροστά τους. Οι δικές τους αμφιβολίες και ανασφάλειες συχνά εκδηλώνονται σε δύσκολη συμπεριφορά που προκαλεί προβλήματα στους άλλους.

Τα άτομα με προσωπικότητες Τύπου Έξι μπορούν να αναγνωριστούν από την ικανότητά τους να ταιριάζουν άψογα σε οποιοδήποτε περιβάλλον και να προσπαθούν πάντα να υποστηρίζουν τους πιο κοντινούς τους ανθρώπους.

Εννεάγραμμα Τύπος 7--Ενθουσιώδης οραματιστής

Οι άνθρωποι που ανήκουν στον τύπο προσωπικότητας Επτά είναι εξαιρετικά ενθουσιώδεις για τη ζωή, πάντα με κίνητρο να μεγιστοποιήσουν την απόλαυσή της αποφεύγοντας αντικρουόμενες καταστάσεις. Από τη φύση τους, οι Sevens τείνουν να είναι αισιόδοξοι - πάντα αναζητούν ευκαιρίες που τους εμπνέουν στη ζωή και αξιοποιούν αυτές τις δυνατότητες όταν είναι διαθέσιμες. Βλέπουν τη ζωή ως μια περιπέτεια που οδηγεί τον αυθορμητισμό και την εκτίμηση για τα πάντα γύρω τους. αν και άλλοι μπορεί να αντιλαμβάνονται τους Sevens ως ήρεμους όταν βρίσκονται σε "παρούσα κατάσταση", καθώς βρίσκουν απόλαυση από αυθόρμητες δραστηριότητες. Εξαιτίας αυτής της αυθόρμητης φύσης μπορεί να φαίνονται αδέσμευτοι ή ακόμα και μη επικεντρωμένοι λόγω της επιθυμίας τους για έκρηξη αδρεναλίνης από τη ζωή!

Οι συμπεριφορές τους επικεντρώνονται στην εύρεση τρόπων για να ξεφύγουν από τη ρουτίνα και τη μονοτονία στη ζωή τους, έτσι αναζητούν ενεργά δραστηριότητες ή άτομα που προσθέτουν ενθουσιασμό και περιπέτεια. Ποτέ δεν φοβούνται να δοκιμάσουν νέα πράγματα, μερικές φορές εγκαταλείπουν ημιτελείς εργασίες για πιο συναρπαστικά εγχειρήματα.

Οι επτά προσπαθούν να παραμείνουν ενεργοί και να προχωρούν με αυτοπεποίθηση. Η ενέργειά τους έγκειται στο να αγκαλιάζουν κάθε πρόκληση με όρεξη. αυτή η έκρηξη αδρεναλίνης που προέρχεται από κάθε έκρηξη ενθουσιασμού τους κρατά δυνατούς. Υπό πίεση, αυτός ο τύπος προσωπικότητας μπορεί να αλλάξει σχέδια ή πολλαπλές εργασίες για να ολοκληρώσει με επιτυχία εργασίες. Το σώμα τους μπορεί συχνά να ξεπεράσει το μυαλό τους όταν αναλαμβάνουν νέες προσπάθειες - αυτό σημαίνει ότι τα υψηλά επίπεδα ενέργειάς τους συχνά εμφανίζονται ως συνεχής κίνηση ή πολυάσχολη γλώσσα του σώματος - δίνοντας στους άλλους την εντύπωση ότι είναι ανήσυχοι, αλλά αυτός είναι απλώς ο τρόπος τους να παραμένουν αφοσιωμένοι!

Τα μοτίβα σκέψης του Sevens καθοδηγούνται από ένα ενεργό μυαλό που μεταβαίνει ομαλά μεταξύ ιδεών και συνδέσεων χωρίς κόπο, εμπλέκοντάς τους να εξερευνήσουν τι τους κεντρίζει το ενδιαφέρον και τους φέρνει στιγμιαία ικανοποίηση. Επομένως, τα μοτίβα σκέψης τους περιλαμβάνουν γρήγορη νοητική επεξεργασία και διέγερση σε συνδυασμό. Οι επτά τείνουν να έχουν πολλές επιλογές και δεν τους αρέσει να αισθάνονται περιορισμένοι από κάθε άποψη. Η ύπαρξη επιλογών τους παρέχει ελευθερία. Το γρήγορο πνεύμα τους τους επιτρέπει να αποκτήσουν γνώσεις σε πολλούς τομείς, κάτι που ενθαρρύνει την καινοτομία και τη δημιουργικότητα, καθώς έχουν πολλά δεδομένα στα χέρια τους για να αντλήσουν.

Επίσης, απολαμβάνουν να μοιράζονται τις ιδέες τους με άλλους, καθώς αυτό τους κάνει να νιώθουν έμπνευση και αφοσίωση στη ζωή. Όταν φτάνουν νέες πληροφορίες, τείνουν να τις αντιλαμβάνονται γρήγορα ενώ ανακαλύπτουν ακόμη περισσότερες στην πορεία.

Τα επτά άτομα τείνουν να βιώνουν θετικά συναισθηματικά τοπία που εκδηλώνονται μέσω ενεργητικών και αισιόδοξων προσωπικοτήτων, οδηγώντας τους άλλους να βλέπουν το Sevens ως αισιόδοξα, χαρούμενα και ενθουσιώδη άτομα. Όταν αντιμετωπίζουν αρνητικά συναισθήματα όπως η πλήξη, η λύπη, το άγχος ή ο φόβος, ενστικτωδώς αναζητούν τρόπους να μετατρέψουν γρήγορα αυτά τα αρνητικά συναισθήματα, ώστε να ξεφύγουν πιο γρήγορα από τη δυσφορία.

Η φυσική τάση του Sevens προς τα θετικά συναισθήματα συχνά τους κάνει να βλέπουν τις αρνητικές εμπειρίες με αισιοδοξία, πλαισιώνοντάς τις ως εμπειρίες μάθησης ή ευκαιρίες στο μυαλό τους. Δυστυχώς, αυτός ο εξορθολογισμός κάνει πιο δύσκολη την ανάληψη ευθύνης για ενέργειες όταν τα πράγματα πάνε νότια. αλλά από τη θετική πλευρά διατηρεί την προοπτική τους θετική και βοηθά στη διατήρηση μιας αισιόδοξης προοπτικής ζωής.

Τα επτά άτομα τείνουν να είναι ιδιαίτερα προστατευτικά για τον προσωπικό τους χώρο και δεν εκτιμούν την πρόκληση για τις ικανότητές τους. Εάν προκαλέσετε έναν Επτά, προετοιμαστείτε να αντιμετωπίσετε την οργή τους. Όταν έρχονται αντιμέτωποι με άβολες ή βαριές καταστάσεις, οι Sevens εργάζονται ακούραστα για να ελαφρύνουν τη διάθεση με αστεία ή κάνουν ανάλαφρες δηλώσεις για να μειώσουν τις εντάσεις και να αποκαταστήσουν την ισορροπία συμμετέχοντας σε ανέκδοτα που προκαλούν γέλιο.

Η μελέτη Truity ανακάλυψε ότι τα Enneagram Type Sevens αποτελούσαν το 9 τοις εκατό των ερωτηθέντων από 54.000 συμμετέχοντες.[8]

Τα Enneagram Type 8-Active Challenger Type Eight καθοδηγούνται από την ανάγκη τους να φαίνονται δυνατοί και να αποφεύγουν να δείχνουν ευάλωτα όσο το δυνατόν περισσότερο, με αποτέλεσμα να είναι άμεσοι και αποτελεσματικοί στην αντιμετώπιση καταστάσεων στις οποίες βρίσκονται. Αναλαμβάνουν γρήγορα τον έλεγχο των καταστάσεων ελέγχοντας το με αμεσότητα. Τα οκτώ ευδοκιμούν όταν αμφισβητούνται και είναι δίκαια στις συναλλαγές τους, χρησιμοποιώντας τη δίκαιη αίσθηση δικαιοσύνης για να προστατεύσουν τους άλλους. Στα καλύτερά τους, οι Eights φαίνονται βαθιά περιποιητικοί αλλά δυνατοί αλλά προσιτοί. Όταν οι Eights ενεργούν σύμφωνα με την πραγματικότητα, μας χαρίζουν σε όλους την αθωότητα. Ωστόσο, στη χειρότερη περίπτωση, τα Eights μπορεί να φαίνονται επιθετικά, κυριαρχικά και λάγνα ως μέρος της στρατηγικής τους να φαίνονται μεγαλύτερα από τη ζωή σε έναν συχνά σκληρό κόσμο. Ελέγχοντας καταστάσεις πιστεύουν ότι μπορούν να περιηγηθούν πιο εύκολα γύρω από τις αδικίες.

Οι Eights κατοικούν στην καρδιά του Enneagram. Βρίσκονται στον πυρήνα του, αναλαμβάνουν δράση με βάση το ένστικτο αντί να κάνουν τίποτα απολύτως, που συχνά εκδηλώνεται με έντονη και άμεση ομιλία, επιλογή λέξεων, γλώσσα του σώματος και στυλ λήψης αποφάσεων. Τα οκτώ αγαπούν να παίρνουν τον έλεγχο και να κάνουν τα πράγματα να συμβαίνουν με τους δικούς τους όρους. Η ανεξαρτησία τους τους επιτρέπει να επιδιώξουν έργα που βρίσκουν ικανοποιητικά.

Η συνεργασία με άλλους δεν έρχεται φυσικά στα Eights. το κάνουν από υποχρέωση. Τα οκτώ υπερηφανεύονται για τη διατήρηση του ελέγχου, συχνά μικροδιαχειρίζονται τα ίδια τα γεγονότα και συχνά καταλήγουν να μικροδιαχειρίζονται άλλα όταν είναι απαραίτητο. Οι γρήγορες ενέργειές τους τους εξυπηρετούν καλά όταν οι άλλοι κατακλύζονται και γίνονται απείθαρχοι - μπαίνουν γρήγορα, αναλαμβάνουν την ευθύνη και επιλύουν τα πράγματα αποτελεσματικά χωρίς δισταγμό ή καθυστέρηση.

Η μικροδιαχείριση μπορεί να μην είναι η αγαπημένη τους δραστηριότητα, αλλά τους κρατά υπό τον έλεγχο της κατάστασης και παράγει αποτελέσματα - έτσι κάνουν ό,τι χρειάζεται για να πετύχουν αυτό το σκοπό.

Οι οκτώ δεν ανέχονται την ανικανότητα και την αδυναμία σε αυτούς για τους οποίους αναλαμβάνουν την ευθύνη, ωστόσο είναι σκληρά προστατευτικοί με εκείνους που βρίσκονται υπό τη διαχείριση τους. Όταν κάποιος που τους ενδιαφέρει υφίσταται άδικη μεταχείριση, οι Eights θα παλέψουν ακούραστα για να υποστηρίξουν τη δικαιοσύνη και να διορθώσουν όποιες αδικίες τους γίνονται.

Οι οκτώ τείνουν να κατηγοριοποιούν τους ανθρώπους ως αδύναμους ή δυνατούς και ενεργούν ανάλογα, δίνοντας συχνά μεγαλύτερη προσοχή σε ορισμένα άτομα με βάση αυτήν τη μέθοδο αξιολόγησης «όλα ή τίποτα». Οι οκτώ τείνουν να ευνοούν την ειλικρίνεια έναντι της ασάφειας όταν χειρίζονται συγκρουσιακές καταστάσεις, προτιμώντας την αλήθεια από το να μένουν εκτός κυκλώματος καθώς αυτό τους κάνει να αισθάνονται ανίσχυροι απέναντι στην κατάσταση. Ο εξοπλισμός τους με τόσες περισσότερες πληροφορίες σχετικά με ενημερώσεις, πρόοδο ή συμβάντα βοηθά το Eights να επικεντρωθεί στην ευρύτερη εικόνα πιο αποτελεσματικά.

Το να παραμείνουν συγκεντρωμένοι στα δικά τους κίνητρα περισσότερο από εκείνα των άλλων είναι το κλειδί για αυτούς τους ανθρώπους. Δεν εκτιμούν ότι τους αναγκάζουν να κάνουν πράγματα που δεν τους αρέσουν ή τα βρίσκουν βαρετά, γιατί αυτό σπαταλά την ενέργειά τους αναποτελεσματικά.

Τα οκτώ έχουν πολύπλοκα συναισθηματικά μοτίβα. Τείνουν να θυμώνουν γρήγορα και να αντιδρούν ανάλογα, αλλά αφού εκτονώσουν γρήγορα την οργή τους, απομακρύνονται γρήγορα από αυτήν. Επειδή τα Eights επιδιώκουν να αποφύγουν να αισθάνονται ευάλωτα, τείνουν να μην εκφράζουν ανοιχτά συναισθήματα θλίψης ή αδυναμίας - αντί να προτιμούν να αναγνωρίζουν αυτά τα συναισθήματα μόνο όταν είναι ασφαλή - δείχνοντας αγάπη μέσω δύναμης και προστασίας ως μέρος της ταυτότητάς τους.

Η μελέτη Truity με 54.000 συμμετέχοντες έδειξε ότι το 15% των ανθρώπων εμπίπτουν στο Enneagram Type Eight. αυτοί οι άνθρωποι ήταν κυρίως άνδρες.

Εννεάγραμμα Τύπος 9--Adaptive Peacemaker
Οι εννέα τείνουν να λειτουργούν ως μεσολαβητές, οδηγούμενοι από την επιθυμία να δημιουργήσουν αρμονία στο περιβάλλον τους. Ως εκ τούτου, προσπαθούν να αποδέχονται και να εξυπηρετούν τους γύρω τους, ενώ δίνουν προτεραιότητα στη δημιουργία ειρήνης σε ό,τι κάνουν - αυτό τους επιτρέπει να αποφεύγουν τις συγκρούσεις όποτε είναι δυνατόν.

Το μεγαλύτερο μέρος του κόσμου αντιλαμβάνεται τα εννιά ως ζωντανά, έμπειρα και συνειδητοποιημένα άτομα που προσπαθούν να προσφέρουν ενέργειες που ωφελούν τους γύρω τους. Στη χειρότερη, ωστόσο, οι εννέα μπορεί να φαίνονται πεισματάρηδες, τεμπέληδες ή αυτοαρνούμενοι. Αυτό συμβαίνει επειδή πηγαίνουν μαζί με όλους για να διατηρήσουν την ειρήνη, αλλά στη συνέχεια εκτιμούν τις ανάγκες των άλλων σε σχέση με τις δικές τους ανάγκες και δημιουργούν αισθήματα δυσφορίας για τον εαυτό τους και αυτούς με τους οποίους αλληλεπιδρούν. Ωστόσο, η αυτάρεσκη φύση τους προσελκύει τους άλλους προς το μέρος τους, ενώ παράλληλα κάνει τους ανθρώπους να αισθάνονται άνετα όταν βρίσκονται στην παρουσία τους.

Οι εννέα τείνουν να αναλαμβάνουν δράση με βάση την επιθυμία τους να αποφύγουν τον έλεγχο των άλλων είτε χειραγωγώντας το περιβάλλον τους είτε αντιστεκόμενοι παθητικά όταν κάτι δεν αισθάνεται άνετα. Οι ενέργειές τους ή η έλλειψή τους πιθανότατα θα οδηγούνται από τη διατήρηση της ειρήνης και της αρμονίας, καθώς δεν μπορούν να ανεχτούν τη σύγκρουση.

Η άνεση μπορεί να βρεθεί μέσα από γνωστές ρουτίνες και ρυθμούς που βρίσκουν ενδιαφέροντες, ενώ αυτός ο τύπος προσωπικότητας απολαμβάνει να σφυρηλατεί ουσιαστικές συνδέσεις που έχουν ως αποτέλεσμα τη συγχώνευση ενεργειών από τους κοντινούς τους ανθρώπους, που συχνά εκδηλώνεται με την υιοθέτηση των συνηθειών ή των ενδιαφερόντων των παρόντων στον οικείο χώρο τους. .

Τα μοτίβα σκέψης του Nine προσφέρονται καλά για δομημένες διαδικασίες. Ως εκ τούτου, δίνουν προτεραιότητα στις λεπτομέρειες και τη σαφήνεια όταν προσεγγίζουν εργασίες ή δημιουργούν γρήγορα συνήθειες ή διαδικασίες. Όταν παρουσιάζονται μεγάλοι όγκοι πληροφοριών, οι Nine θα τις οργανώσουν γρήγορα στο μυαλό τους σε μια τακτική δομή για να τα κατανοήσουν όλα.

Οι εννέα τείνουν να είναι ισχυρογνώμονες και επίμονοι, ωστόσο τείνουν να κρατούν τις απόψεις τους για τον εαυτό τους, προκειμένου να αποφύγουν να φαίνονται αυταρχικοί στους άλλους. Δυστυχώς, αυτό τους αφήνει δυσαρεστημένους με ορισμένες πτυχές των σχέσεων ή της ζωής τους.

Η στάση τους μπορεί να φαίνεται χαλαρή και ομαλή, ωστόσο βιώνουν έντονα συναισθήματα με μεγάλη ένταση, απαιτώντας προσπάθεια από την πλευρά τους να τα ελέγξουν και να φαίνονται ειρηνικά, γαλήνια και προσιτή. Τα έντονα συναισθήματά τους τους παρακινούν να διατηρήσουν την αρμονία μεταξύ των ανθρώπων επειδή κατανοούν πώς τα συναισθήματα επηρεάζουν τη συμπεριφορά.

Αν και διαπρέπουν ως ειρηνικοί μεσολαβητές σε καταστάσεις σύγκρουσης, οι εννέα τείνουν να αποφεύγουν να εμπλέκονται απευθείας με αρνητικά συναισθήματα όπως ο θυμός. Τέτοιες συνδέσεις τείνουν να τους στραγγίζουν από ενέργεια και δεν αναγνωρίζουν συχνά ούτε αυτά τα συναισθήματα. Επομένως, προσπαθούν να μην τα βιώνουν πολύ έντονα. Επιπλέον, οι περισσότεροι εννέα είναι ενσυναίσθητοι που μπορούν να αισθανθούν συναισθήματα από τους κοντινούς τους, συχνά αντλούν ενέργεια που μοιράζονται οι άνθρωποι, εάν το περιβάλλον τους είναι θετικό και ενθουσιώδες. Αντιθέτως, όταν έρχονται αντιμέτωποι με θλιμμένα ή ανήσυχα άτομα, η διάθεσή τους μπορεί επίσης να μειωθεί δραματικά.

Οι μαθητές της ένατης τάξης αποτελούν το 13% των ερωτηθέντων στη μελέτη Truity. οι περισσότερες από τις οποίες είναι γυναίκες.

Οι εννέα τύποι προσωπικότητας που αντιπροσωπεύονται στον τροχό του Enneagram μπορούν να χωριστούν σε τύπους καρδιάς, κεφαλιού και σώματος. Οι τύποι καρδιάς αποτελούνται από τύπους δύο έως τέσσερις που βασίζονται στη συναισθηματική νοημοσύνη για την πλοήγηση στη ζωή και τη σύνδεση με τους ανθρώπους γύρω τους. Οι τύποι κεφαλιού περιλαμβάνουν τους τύπους πέντε έως επτά που βασίζονται στην πνευματική επεξεργασία καταστάσεων. ενώ οι σωματότυποι από ένα έως εννέα χρησιμοποιούν τα ένστικτα και τα συναισθήματα του εντέρου όταν ανταποκρίνονται σε καταστάσεις.

Οι ερευνητές σε όλη την ιστορία έχουν εξερευνήσει διάφορες μεθοδολογίες για την κατανόηση της ανθρώπινης προσωπικότητας. Ένα τέτοιο τεστ, γνωστό ως The Big Five Personality Test (OCEAN), χρησιμοποιεί Big Five Factor Markers που προέρχονται από το International Personality Item Pool του Goldberg που εισήχθη το 1992 ως μέθοδος ανάλυσης παραγόντων για να διερευνήσει τις στατιστικές απαντήσεις των ομάδων απαντώντας σε αυτή την ερώτηση: Ποιος είναι ο ιδανικός τρόπος συνοψίζοντας την προσωπικότητα κάποιου;»[9]

Αν και οι μεταβλητές της προσωπικότητας δεν μπορούν να ποσοτικοποιηθούν, οι απαντήσεις κατηγοριοποιούν τα άτομα σε πέντε ευρείες ομάδες ανάλογα με τα κυρίαρχα χαρακτηριστικά τους: (O-Openness C-Conscientiousness D-Extroversion E-Extroversion A-Agreeability

N - Νευρωτισμός Κατανοώντας αυτούς τους τύπους προσωπικότητας, μπορείτε να κατανοήσετε καλύτερα τους ανθρώπους κατανοώντας τις ανάγκες τους, χτίζοντας ουσιαστικές συνδέσεις μέσω κοινών ενδιαφερόντων και προσαρμόζοντας τη συμπεριφορά σας ανάλογα.

Ένας ενδιαφέρον παράγοντας εδώ είναι ότι αυτές οι προσωπικότητες μπορούν να είναι προϊόν τόσο της φύσης όσο και της ανατροφής. Οι γονείς μπορεί να τα μεταδώσουν ή τα άτομα μπορούν να τα αναπτύξουν από το πώς μεγάλωσαν.

Ας εμβαθύνουμε σε αυτά τα χαρακτηριστικά της προσωπικότητας και ας εκτιμήσουμε αν η φύση ή η ανατροφή έχουν τη μεγαλύτερη επιρροή.

Διαφάνεια Αυτό το χαρακτηριστικό της προσωπικότητας είναι γνωστό ότι είναι ευπρόσδεκτο σε νέες γνώσεις και εμπειρίες. Οι άνθρωποι που βαθμολογούνται υψηλότερα σε αυτήν την κλίμακα τείνουν να είναι διορατικοί και ευφάνταστοι με πολλά ενδιαφέροντα που ποικίλλουν ευρέως. Η καινοτομία και η περιέργεια είναι επίσης εξέχουσα θέση μέσα τους. Από την άλλη, όσοι κατατάσσονται χαμηλότερα μπορεί να είναι πιο προσεκτικοί, συνεπείς και να αγωνίζονται με αφηρημένες διαδικασίες σκέψης. Αν θέλετε να μετρήσετε το επίπεδο διαφάνειας κάποιου σε μια κλίμακα όπως αυτή, δοκιμάστε να κάνετε τις εξής ερωτήσεις: Αγαπάτε την περιπέτεια;

Η φαντασία σας τρέχει ελεύθερη; Ήσασταν αυτός που ξεκίνησε νέες δραστηριότητες στο παρελθόν;

Είστε προετοιμασμένοι για νέες προκλήσεις;

Η απάντηση «ναι» σε όλες αυτές τις ερωτήσεις υποδηλώνει υψηλά επίπεδα ανοιχτότητας. Τα άτομα με τόσο υψηλά επίπεδα διαφάνειας απολαμβάνουν την πρόκληση στη ζωή και αναζητούν δημιουργικές διεξόδους μέσω των οποίων μπορούν να εκφραστούν δημιουργικά. Το 57% των ατόμων έχουν κληρονομικά αυτό το χαρακτηριστικό της ανοιχτότητας.

Ευσυνειδησία
Τα γενικά χαρακτηριστικά αυτού του χαρακτηριστικού της προσωπικότητας περιλαμβάνουν τη στοχευμένη συμπεριφορά, τη στοχαστικότητα και τον καλό έλεγχο των παρορμήσεων. Οι ευσυνείδητοι άνθρωποι τείνουν να είναι εξαιρετικοί σχεδιαστές και να σκέφτονται μπροστά όταν παίρνουν αποφάσεις ζωής. Επιπλέον, έχουν μεγάλη επίγνωση του τρόπου με τον οποίο οι ενέργειές τους επηρεάζουν τους άλλους, καθώς και τις προθεσμίες που μπορεί να χρειαστεί να τηρηθούν.

Τα άτομα που κατατάσσονται ψηλά στην κλίμακα ευσυνειδησίας τείνουν να είναι προσεκτικά, οργανωμένα και αποτελεσματικά στην προσέγγισή τους σε εργασίες και λεπτομέρειες. Οι άνθρωποι που κατατάσσονται χαμηλότερα είναι συνήθως χαλαροί και χαλαροί. Ακολουθούν μερικές ερωτήσεις που θα σας βοηθήσουν να αξιολογήσετε τη θέση ενός ατόμου όσον αφορά την ευσυνειδησία:

Είστε περήφανοι που είστε αυτοπειθαρχημένοι;

Είστε οργανωμένοι και προετοιμασμένοι για οτιδήποτε μπορεί να προκύψει; Ή θα προτιμούσατε να είστε αυθόρμητοι; Απολαμβάνετε την τήρηση ενός χρονοδιαγράμματος, την έγκαιρη προτεραιότητα των εργασιών και την άμεση προσοχή στις λεπτομέρειες;

Η απάντηση «ναι» σε αυτές τις ερωτήσεις υποδηλώνει υψηλό επίπεδο ευσυνειδησίας μέσα σε ένα άτομο, όπως αποδεικνύεται από την οργάνωση και την τάξη στη ζωή και τις σχέσεις. Η ευσυνειδησία έχει 49% κληρονομική επιρροή.

Τα εξωστρεφή χαρακτηριστικά μπορούν να αναγνωριστούν από χαρακτηριστικά όπως η κοινωνικότητα, η διεκδικητικότητα, ο ενθουσιασμός, η συναισθηματική εκφραστικότητα και η ομιλία. Οι άνθρωποι που παρουσιάζουν αυτό το χαρακτηριστικό προσωπικότητας τείνουν να είναι εξωστρεφείς και να ευδοκιμούν όταν συμμετέχουν σε κοινωνικές συγκεντρώσεις.

Οι άνθρωποι που έχουν υψηλή βαθμολογία στην κλίμακα των εξωστρεφών ευδοκιμούν με το να βρίσκονται στο επίκεντρο της προσοχής και να απολαμβάνουν να βρίσκονται κοντά σε ανθρώπους. Αντίθετα, οι άνθρωποι με χαμηλές βαθμολογίες (εσωστρεφείς) βρίσκουν τις κοινωνικές αλληλεπιδράσεις εξαντλητικές και απολαμβάνουν τη μοναξιά περισσότερο από την παρέα άλλων ανθρώπων.

Για να κατανοήσετε την εξωστρέφεια σε κάποιον, κάντε τις ακόλουθες ερωτήσεις: 8.5 Δυσκολεύεστε να είστε το επίκεντρο της προσοχής σε συγκεντρώσεις ή να ξεκινήσετε συζήτηση σε κοινωνικά περιβάλλοντα; Σας αρέσει να συναντάτε νέους ανθρώπους και έχετε μεγάλο κύκλο γνωστών ή φίλων;

Έχετε την τάση να λέτε τα πράγματα πριν τα σκεφτείτε;

Αν συμφωνούν με αυτές τις ερωτήσεις, βαθμολογούν υψηλά στην κλίμακα της εξωστρέφειας. Εάν βρίσκεστε κοντά σε άτομα που έχουν χαμηλότερη βαθμολογία σε αυτήν την κλίμακα, προσπαθήστε να μην τους αναγκάσετε να γίνουν εξωστρεφείς ενθαρρύνοντας την υπερβολική συζήτηση ή σπρώχνοντάς τους σε κοινωνικές συγκεντρώσεις. Όσοι έχουν εσωστρεφή χαρακτηριστικά προσωπικότητας τείνουν να μένουν πιο κοντά σε εκείνα και μέρη που παρέχουν συναισθηματική τροφή και άνεση.

Τα εξωστρεφή χαρακτηριστικά έχουν 54% κληρονομική επιρροή.

Τερπνότητα
Αυτή η διάσταση της προσωπικότητας περιλαμβάνει χαρακτηριστικά καλοσύνης, εμπιστοσύνης, στοργής, αλτρουισμού και άλλα κοινωνικά χαρακτηριστικά. Τα άτομα με υψηλό βαθμό συμφιλίωσης τείνουν να είναι συμπονετικά, φιλικά και συνεργάσιμα, ενώ τα άτομα με χαμηλό αυτό το χαρακτηριστικό μπορεί να αποστασιοποιηθούν, να είναι αναλυτικά ή ανταγωνιστικά, μερικές φορές ακόμη και να φτάσουν σε χειριστική συμπεριφορά.

Ρωτήστε τα άτομα για να εξακριβώσετε πού βρίσκονται στην κλίμακα αποδοχής: Εμπιστεύονται εύκολα και εύκολα τις δεύτερες ευκαιρίες στους άλλους, είναι ενσυναίσθητοι, τους αρέσει να κάνουν τους άλλους άνετα, κ.λπ.

Είστε παθιασμένοι με την παροχή βοήθειας σε όσους έχουν ανάγκη;

Μια καταφατική απάντηση σε αυτές τις ερωτήσεις υποδηλώνει υψηλή κατάταξη στην κλίμακα αποδοχής. Τα άτομα με χαμηλές βαθμολογίες σε αυτή την κλίμακα συχνά δεν βιώνουν ενσυναίσθηση και πρέπει να καταβάλλουν συνειδητές προσπάθειες και αλλαγές στη συμπεριφορά τους, προκειμένου να μπουν στη θέση των άλλων και να αντιδράσουν ανάλογα. Το 42% των κληρονομικών παραγόντων παίζουν ρόλο στα χαρακτηριστικά της αρμονίας.

Νευρωτισμός Σε αυτή τη διάσταση της προσωπικότητας αποδίδονται χαρακτηριστικά όπως η κυκλοθυμία, η συναισθηματική αστάθεια και η θλίψη. Ο νευρωτισμός αναφέρεται στο πώς κάποιος χειρίζεται τα συναισθήματά του. Τα άτομα με υψηλή βαθμολογία σε αυτήν την κλίμακα τείνουν να είναι ευαίσθητα, εύκολα ευερέθιστα και επιρρεπή σε εναλλαγές της διάθεσης. Από την άλλη, όσοι έχουν χαμηλότερη βαθμολογία τείνουν να είναι συναισθηματικά ασφαλείς, ασφαλείς και ανθεκτικοί.

Κάνοντας αυτές τις ερωτήσεις, είναι δυνατό να αξιολογηθεί σε ποια θέση βρίσκεται κάποιος στην κλίμακα νευρωτισμού: (Ανησυχητικός; Εύκολο άγχος; Επαναλαμβανόμενες αλλαγές στη διάθεση)

Δυσκολεύεστε να αντιμετωπίσετε στρεσογόνες καταστάσεις;

Η καταφατική απάντηση σε αυτές τις ερωτήσεις υποδηλώνει υψηλό νευρωτισμό σε ένα άτομο. Η γνώση των εκλυτικών και ηρεμιστών τους θα είναι ευεργετική για να διατηρήσετε τη διάθεσή τους υπό έλεγχο.

Ο νευρωτισμός έχει 48% κληρονομικό συστατικό.

Η κατανόηση αυτών των χαρακτηριστικών και του τρόπου με τον οποίο επηρεάζουν τους ανθρώπους είναι το κλειδί για την καλύτερη επικοινωνία και τον καθορισμό του καλύτερου τρόπου αλληλεπίδρασης με κάποιον απέναντί σας.

Η θεωρία της ιδιοσυγκρασίας του Δρ David Keirsey
Ένας εκπαιδευτικός δημιουργός και ψυχολόγος, ο Δρ David Keirsey εισήγαγε το Keirsey Temperament Sorter που κατηγοριοποιεί τα άτομα σε τέσσερις ομάδες ιδιοσυγκρασίας με βάση πρότυπα δραστηριότητας, συνήθειες επικοινωνίας, στάσεις χαρακτήρα, ταλέντα και αξίες - λαμβάνοντας υπόψη τον αντίκτυπο του κάθε ατόμου στο χώρο εργασίας σε σχέση με τις προσωπικές ανάγκες .

Ο Δρ David Kersey αναφέρει ότι η ανθρώπινη προσωπικότητα μπορεί να χωριστεί σε τέσσερις μεγάλες ομάδες με βάση την ιδιοσυγκρασία. Κάθε ιδιοσυγκρασία περιλαμβάνει τα δικά της δυνατά σημεία, αδυναμίες και ιδιότητες που χαρακτηρίζουν τα χαρακτηριστικά της. Αυτές οι τέσσερις ιδιοσυγκρασίες περιλαμβάνουν:

Τεχνίτες Αυτοί οι άνθρωποι μπορούν εύκολα να διακριθούν από τους άλλους λόγω της εξειδίκευσής τους σε δημιουργικούς τομείς όπως οι τέχνες, η λογοτεχνία και η ποίηση. Οι ενέργειές τους χρησιμεύουν ως έκφραση της καλλιτεχνίας τους, ενώ η αίσθηση της περιπέτειας τους ωθεί στο να παίρνουν ρίσκα ή να είναι αυθόρμητοι κατά καιρούς.

Οι κηδεμόνες καταλαμβάνουν μια ουσιαστική θέση στην κοινωνία συνεργαζόμενοι με τους γύρω τους και ακολουθώντας κανόνες που ενστερνίζονται οι παραδοσιακοί πολιτισμοί. Η αφοσίωσή τους είναι αυτό που βοηθά να διατηρηθεί η τάξη ανέπαφη - αποτελούν το 40 έως 45% των μελών του πληθυσμού.

Ιδεαλιστές Τα άτομα που εστιάζουν στην αυτο-ανάπτυξη και τη βελτίωση πιθανότατα ανήκουν στην ομάδα της ιδεαλιστικής ιδιοσυγκρασίας, με ισχυρά αισθήματα πίστης στους άλλους, με κίνητρα να αναλαμβάνουν ενέργειες που βοηθούν τους άλλους και ενεργά να κάνουν βήματα που ωφελούν την κοινωνία στο σύνολό της. Μεταξύ 15-20% του πληθυσμού ανήκει σε αυτή την κατηγορία ιδιοσυγκρασίας.

Οι ορθολογιστές, γνωστοί για τους πραγματικούς και λογικούς τρόπους σκέψης τους, είναι από τους πιο σπάνιους τύπους προσωπικότητας και φημίζονται για την εξειδίκευσή τους στην επίλυση προβλημάτων. Μόλις κάτι αιχμαλωτίσει τη φαντασία τους, ωστόσο, μπορεί να βυθιστούν τόσο πολύ που να αποσπαστούν από την πραγματικότητα που οι άλλοι τους αντιλαμβάνονται ως παράξενους ή απόμακρους.

Μόνο το 5-10% του πληθυσμού ανήκει στην ομάδα της ιδιοσυγκρασίας των λογικών. Οι σύμβουλοι σταδιοδρομίας χρησιμοποιούν συχνά το Keirsey Temperament Sorter καθώς βοηθά τους ανθρώπους να κατανοήσουν καλύτερα τον εαυτό τους και να τους οδηγήσουν στη σωστή επαγγελματική πορεία.

Όλες αυτές οι θεωρίες στοχεύουν στην κατανόηση της ανθρώπινης φύσης, του τι κινητοποιεί τα άτομα και της ανταπόκρισής τους σε ορισμένες καταστάσεις. Με τη γνώση που έχουν συσσωρευτεί από ερευνητές εδώ και δεκαετίες, είμαστε σε καλύτερη θέση να διαβάζουμε ανθρώπους και να σφυρηλατούμε σχέσεις μεταξύ μας.

Όπως πιστεύουν οι περισσότεροι, η ακρόαση δεν ισοδυναμεί με την ακρόαση. Οι άνθρωποι συνήθως μπαίνουν σε συζητήσεις είτε ελπίζοντας να ακουστούν είτε ελπίζοντας να μην ακουστούν εντελώς - η τελευταία περίπτωση συχνά μας οδηγεί στο να δίνουμε λιγότερη προσοχή σε αυτά που λέει ο άλλος από ό,τι σκοπεύαμε, με τα δύο μέρη να βιώνουν την έλλειψη ενδιαφέροντος όπως αισθανόμαστε δυο πλευρές.

Η προσεκτική ακρόαση μπορεί να αλλάξει το παιχνίδι στις συνομιλίες και στην ικανότητά σας να καταλαβαίνετε τους ανθρώπους. Το να δίνετε απλώς προσοχή σε αυτό που πραγματικά λένε οι άνθρωποι θα μπορούσε να αλλάξει τα πάντα: δεν χρειάζεται να μαντέψετε πώς σκέφτεται κάποιος. Απλώς άκου προσεκτικά όταν μιλάει κάποιος, αν θέλεις να ρίξεις μια ματιά μέσα στο κεφάλι κάποιου. Αντίθετα, δώστε περισσότερη προσοχή όταν κάποιος μιλάει. Πολλοί δεν κρύβουν τις σκέψεις και τις απόψεις τους πίσω από τοίχους από ατσάλι, προτιμώντας αντίθετα να είναι ανοιχτοί για το ποιοι είναι και δεν φοβούνται να σας αφήσουν να μπείτε, αρκεί να ακούτε αρκετά προσεχτικά!

Δεν θα νιώσετε την ανάγκη να διαβάσετε το μυαλό κάποιου εάν μπορείτε να ερμηνεύσετε με ακρίβεια τις προθέσεις του όταν μιλάτε.

Ο Καρλ Ρότζερς και ο Ρίτσαρντ Φάρσον έκαναν για πρώτη φορά δημοφιλή τον όρο «ενεργητική ακρόαση» το 1957 και ο ορισμός του έγινε ευρέως αναγνωρισμένος με την πάροδο του χρόνου. Η ενεργητική και η παθητική ακρόαση είναι δύο μορφές ακρόασης. Για καλύτερα αποτελέσματα ακρόασης, θα πρέπει να δοθεί προτεραιότητα στην ενεργητική ακρόαση. Για να εστιάσει κανείς πραγματικά σε κάποιον, πρέπει να δώσει προτεραιότητα στην ενεργητική ακρόαση σε σχέση με την παθητική.

Η ενεργητική ακρόαση απαιτεί διανοητική παρουσία, υπομονή και την ικανότητα να ακούει χωρίς να νιώθει ότι πρέπει να μιλήσει ως απάντηση. Επικεντρωθείτε στην κατανόηση του τι επικοινωνεί το άλλο άτομο, ενώ αντιστέκεστε σε τυχόν παρορμήσεις να διακόψετε. Κάθε φορά που νιώθετε ότι έχετε κάτι καλύτερο να προσθέσετε, αποφασίστε να περιμένετε. Κάθε φορά που μιλάμε χάνουμε μια ευκαιρία για ανάπτυξη. Δίνοντας σε κάποιον ασφαλή χώρο να εκφραστεί, μπορεί να αποκτήσετε πολύτιμες γνώσεις. Επιτρέψτε σε κάποιον άλλο να σας κρατήσει από το χέρι καθώς σας οδηγεί σε μια οικεία περιήγηση μέσα από το μυαλό του!

Δεν χρειάζεται να μαντέψετε και να διαβάσετε ανάμεσα στις γραμμές! Απλώς αφήστε το άλλο άτομο να μιλήσει χωρίς διακοπές ή κρίσεις - έτσι θα ανακαλύψετε περισσότερα για αυτόν παρά με οποιαδήποτε άλλη στρατηγική!

Στους ανθρώπους αρέσει να μιλάνε για τον εαυτό τους! Εκμεταλλευτείτε αυτή τη φυσική τάση δείχνοντας γνήσιο ενδιαφέρον και κάνοντας διερευνητικές ερωτήσεις για να αποκαλύψετε όλες αυτές τις πληροφορίες για τον εαυτό τους που μπορεί να αποκαλύψουν.

Χρησιμοποιήστε τη γλώσσα του σώματος για υποστήριξη

Η συζήτηση με κάποιον που τα μάτια του δεν είναι καρφωμένα σε τίποτα πίσω από τον ώμο σας δεν είναι ούτε ευχάριστη ούτε ενθαρρυντική, γι' αυτό βεβαιωθείτε ότι η γλώσσα του σώματός σας απηχεί το ενδιαφέρον σας όταν επικοινωνείτε. Γυρίστε προς το μέρος τους, χαμογελάστε συχνά και γνέφετε συχνά ενώ διατηρείτε οπτική επαφή - μην φαίνεστε βαριεστημένοι ή αδιάφοροι, καθώς αυτό θα γίνει γρήγορα εμφανές και μην σεβαστείτε μαζί τους καθώς μαθαίνετε περισσότερα για την ταυτότητά τους.

Μείωση των περισπασμών
Είναι σημαντικό το μυαλό σας να παραμένει απαλλαγμένο από περισπασμούς. Ενώ κάποιος άλλος μιλάει, αντισταθείτε στην παρόρμηση να κάνετε νοητικές λίστες ή να απαντήσετε σε email κατά τη διάρκεια αυτής της συνομιλίας. να είναι παρόντες. Οτιδήποτε προκαλεί απόσπαση της προσοχής πρέπει να αφαιρεθεί: απομακρύνετε το τηλέφωνό σας από την άμεση οπτική επαφή, ώστε να μην σας δελεάζει να το σηκώνετε ή να ελέγχετε τις ειδοποιήσεις κάθε φορά που χτυπάει!

Κουνήστε το κεφάλι Ενθαρρυντικά και Απαντήστε στις Ιστορίες τους
Φροντίστε να γνέφετε ενθαρρυντικά, να γέρνετε προς τα εμπρός και να ανταποκρίνεστε κατάλληλα όταν ακούτε ιστορίες, ώστε να δείχνετε ότι έχετε επενδύσει βαθιά, χωρίς να το παρακάνετε για να φαίνεστε δυνατοί. Υπάρχουν διάφοροι τρόποι με τους οποίους μπορείτε να αποδείξετε ότι ακούτε. εδώ είναι μερικά:
* Απαντήστε χρησιμοποιώντας το σώμα σας. Για παράδειγμα, το άνοιγμα των ματιών σας ευρύτερα ή το σφίξιμο των γροθιών θα μπορούσε να λειτουργήσει ως ένδειξη ότι κάτι δεν πάει καλά - είτε πρόκειται για σοκ, έκπληξη, απογοήτευση ή ενθουσιασμό.
* Επαναλάβετε τη δήλωσή τους. Για παράδειγμα, αν σας πουν ότι προτιμούν τα καρότα από άλλα λαχανικά γενικά, απαντώντας με κάτι σαν, "Θέλετε να πείτε για όλα τα λαχανικά στη γη ότι προτιμάτε τα καρότα;" Για να δείξετε ότι προσέχατε, επαναλάβετε αυτό που είπαν δυνατά, ώστε ο άλλος να ξέρει ότι άκουσες και κατάλαβες την άποψή του. Αυτό δείχνει το ενδιαφέρον σας και τους δείχνει ότι νοιάζεστε.
* Ζητήστε τους να επαναλάβουν τον εαυτό τους. Αν και αυτό μπορεί να φαίνεται αγενές, αυτό δείχνει το σεβασμό σας για κάθε λέξη που μοιράζονται και διασφαλίζει ότι δεν θα χάσετε τίποτα σημαντικό.

Η απλή ακρόαση μπορεί να σας βοηθήσει να αποκτήσετε πολύ περισσότερες γνώσεις για τους ανθρώπους από οποιαδήποτε άλλη προσέγγιση. Όταν ακούμε όταν κάποιος μιλάει και θέτουμε σχετικές ερωτήσεις, μπορεί να μάθουμε πολλά περισσότερα από ό,τι αλλιώς! Δείξτε γνήσιο ενδιαφέρον για τους άλλους και θα ανοίξουν τα εγκεφαλικά τους παιχνίδια για να τα εξερευνήσετε!

Έχετε πάει ποτέ σε ένα ραντεβού και να αναλογιστείτε τι σκεφτόταν ή αισθανόταν το άλλο άτομο; Στην ιδανική περίπτωση, θα υπήρχαν ενδείξεις που θα μας ενημερώνουν για την πρόοδο της συνάντησης. Λοιπόν... υπάρχει! Η γλώσσα του σώματος είναι ένα ασυνείδητο μέσο μετάδοσης του πώς αισθάνεται κάποιος. να ερμηνεύσει σωστά τα σημάδια του. Μερικές φορές αυτά τα υποσυνείδητα σήματα έρχονται στο φως εν αγνοία τους. Η έρευνα του UCLA[12] δείχνει αυτό το σημείο. μόνο το 7% της επικοινωνίας πραγματοποιείται μέσω αυτού που λέμε (δηλαδή, των λέξεων), το 38% μέσω του τόνου και το 55% χρησιμοποιώντας τη γλώσσα του σώματος - η εκμάθηση ερμηνείας αυτού του 55% μπορεί να δώσει προβάδισμα στην κατανόηση των ανθρώπων.

Έτσι, την επόμενη φορά που θα βγείτε ραντεβού ή θα παρευρεθείτε σε κάποια κοινωνική συγκέντρωση, προσέξτε αυτές τις λεπτές ενδείξεις:

* Χαμογελαστά Μάτια: Λένε ότι τα μάτια είναι το παράθυρο στην ψυχή μας. αυτό είναι σίγουρα αλήθεια! Όταν οι άνθρωποι είναι χαρούμενοι, το χαμόγελό τους μπορεί συχνά να μην κρυφτεί παρά τις προσπάθειες να το κρύψουν, μέχρι που τελικά το δέρμα τους ζαρώνει γύρω από τα μάτια τους, δημιουργώντας πόδια χήνας - αποκαλύπτοντας την παρουσία του! Μερικές φορές οι άνθρωποι χαμογελούν απλώς από ευγένεια ή για να κρύψουν αληθινά συναισθήματα - οπότε αν θέλετε να μάθετε αν κάποιος χαμογελά γνήσια, απλά δώστε προσοχή στα μάτια του!

*Σταυρωμένα πόδια και χέρια: Το να σταυρώνετε τα πόδια και τα χέρια κάποιου σχηματίζει ένα φυσικό φράγμα ενάντια σε όσους στέκονται μπροστά τους και υποδηλώνει αντίσταση, ακόμη και όταν τα λόγια ή το χαμόγελό τους υποδηλώνουν το αντίθετο. Η ψυχολογική ερμηνεία υποδηλώνει ότι αυτή η γλώσσα του σώματος δείχνει κάποιον συναισθηματικά, ψυχολογικά ή σωματικά απομακρυσμένο από οτιδήποτε βρίσκεται μπροστά του.

* Ανυψωμένα φρύδια: Όταν κάποιος σηκώνει τα φρύδια του, μπορεί να υποδηλώνει ανησυχία, φόβο ή έκπληξη. Είναι δύσκολο να το κάνεις σε περιστασιακή συζήτηση. δοκιμάστε να τα μεγαλώσετε απολαμβάνοντας καφέ με τους φίλους σας και θα παρατηρήσετε αμέσως τη διαφορά.

* Καθρεφτίζοντας τη γλώσσα του σώματος: Έχετε συναντήσει ποτέ κάποιον να αντικατοπτρίζει τη γλώσσα του σώματός σας γέρνοντας το κεφάλι του με τον ίδιο τρόπο ή ξεσταυρώνοντας τα πόδια του ακριβώς την ίδια στιγμή που κάνετε εσείς; Αυτό δείχνει ότι ενδιαφέρονται για αυτά που λέτε και υποσυνείδητα σας αντιγράφουν εν αγνοία τους από σεβασμό. Εάν αυτό συμβεί σε μια ημερομηνία, αυτό θα μπορούσε να είναι ανεκτίμητο!

* Σφιγμένο σαγόνι: Όταν εμπλέκεστε σε καταστάσεις σύγκρουσης ή διαφωνίας, ένα χαρακτηριστικό που γίνεται εμφανές γρήγορα είναι το σφιγμένο σαγόνι, το αυλακωμένο φρύδι ή ο σφιγμένος λαιμός κάποιου - επειδή το να νιώθουν άβολα πυροδοτεί σωματική ένταση στο σώμα τους που εκδηλώνεται σε σήματα άγχους που προκαλούν αυτή την αντίδραση.

* Υπερβολικό νεύμα: Αν κάποιος απαντήσει γνέφοντας επανειλημμένα ως απάντηση σε αυτό που λέτε, αυτό δεν υποδηλώνει ότι συμφωνεί με αυτό που λέγεται - μάλλον δείχνει άγχος εκ μέρους του και την επιθυμία του να σας ευχαριστήσει γνέφοντας ανάλογα.

Παρόλο που δεν μπορείτε να διαβάσετε απευθείας το μυαλό κάποιου, μπορείτε να παρατηρήσετε τη γλώσσα του σώματός του και να ερμηνεύσετε τα αληθινά του συναισθήματα. Η εκμάθηση της ψυχολογίας των ανθρώπων είναι ένα ταξίδι δια βίου μάθησης που βελτιώνεται μόνο με την εμπειρία. Το ξεκλείδωμα των κινήτρων πίσω από τις πράξεις τους και ο συσχετισμός τους με τα χαρακτηριστικά της προσωπικότητας παρέχει βαθύτερες γνώσεις για το πώς λειτουργεί το μυαλό μας και πώς μπορείτε να το ξεμπερδέψετε.

Έχετε σκεφτεί ποτέ πώς οι συνεισφορές σας επηρεάζουν μια συζήτηση; Η κατανόηση των ανθρώπων δεν απαιτεί απλώς να παρακολουθείς τι κάνουν οι άλλοι, αλλά και να παρατηρείς τις ίδιες τις πράξεις. Η επικοινωνία είναι αμφίδρομη. Για να περπατήσετε σωστά, πρέπει να κάνετε τον ρόλο σας κατανοώντας και ευθυγραμμίζοντας τον εαυτό σας με αυτό που σας επικοινωνεί το άλλο μέρος.

Κανείς δεν μπορεί να διαβάσει με ακρίβεια τους ανθρώπους εάν είστε γεμάτοι με προκαταλήψεις και πεποιθήσεις που σας εμποδίζουν να δείτε την πλήρη εικόνα. Πριν αρχίσετε να παρατηρείτε τους άλλους, είναι απαραίτητο να αποκτήσετε μια εις βάθος γνώση του εαυτού σας - πώς ενεργείτε, σκέφτεστε και αντιλαμβάνεστε τους ανθρώπους.

Αυτή η ενότητα διερευνά τις εσωτερικές σας πεποιθήσεις για να εξακριβώσει εάν τυχόν προκαταλήψεις, προκαταλήψεις ή περιορισμένη κατανόηση της ανθρώπινης φύσης εμποδίζουν την επικοινωνία ή τις αντιλήψεις των άλλων.

Θυμάστε όταν ο Ντόναλντ Τραμπ έγραψε στο Twitter «Είμαι μια πολύ σταθερή ιδιοφυΐα»; Η απάντησή του προκάλεσε κριτική από κωμικούς και δημοσιογράφους για έλλειψη αυτογνωσίας, ωστόσο οι περισσότεροι άνθρωποι αποτυγχάνουν σε αυτόν τον τομέα, οδηγώντας συχνά σε δυσκολία κατανόησης των άλλων. Αν και μπορεί να ακούγεται μπερδεμένο στην αρχή, "κάθε άτομο είναι ο καθρέφτης σας", οπότε για να κατανοήσετε πλήρως ένα άλλο άτομο, πρέπει πρώτα να κατανοήσετε πλήρως τον εαυτό σας! Αυτό είναι κάτι που οι περισσότεροι αγνοούν!

Αυτό μας οδηγεί στην επόμενη ερώτησή μας (δηλαδή, πώς να γνωρίσετε τον εαυτό σας). Λοιπόν, είναι μια εκτεταμένη διαδικασία που περιλαμβάνει να είσαι βάναυσα ειλικρινής με τον εαυτό σου - μερικές φορές αυτό μπορεί να ακούγεται εύκολο ή εύκολο, αλλά μερικές φορές αυτή η πρόκληση γίνεται η μεγαλύτερη σε όλη σου τη ζωή! Για παράδειγμα, μερικές φορές ο θυμός ή τα συναισθηματικά μας ξεσπάσματα μπορεί να φαίνονται δικαιολογημένα επειδή τα πυροδότησε άλλα άτομα. Ωστόσο, είναι ευθύνη μας ως άτομα να ελέγχουμε τις αντιδράσεις μας αντί να τους αποδίδουμε ευθύνες.

Τα τυφλά σημεία ορίζονται ως χαρακτηριστικά ορατά στους άλλους αλλά αόρατα στον εαυτό μας. Μια ψυχολόγος ονόματι Simine Vazire διεξήγαγε ένα πείραμα για να ελέγξει αυτή τη θεωρία.[13] Ζήτησε από τους συμμετέχοντες να αξιολογήσουν τον εαυτό τους και τέσσερις φίλους σε διάφορα χαρακτηριστικά όπως η ευφυΐα, η συναισθηματική σταθερότητα, η διεκδίκηση και η δημιουργικότητα για να δει ποιος θα μπορούσε να προβλέψει με μεγαλύτερη ακρίβεια ποιος προέβλεψε καλύτερα την προσωπικότητα και τα χαρακτηριστικά κάθε ατόμου: είτε οι ίδιοι είτε οι φίλοι τους. Ο στόχος ήταν να εξακριβωθεί ποια προέβλεπε την προσωπικότητα με μεγαλύτερη ακρίβεια.

Τα αποτελέσματα αποκάλυψαν ότι οι άνθρωποι είχαν μεγαλύτερη επίγνωση της συναισθηματικής τους σταθερότητας σε σύγκριση με αυτή των φίλων τους, όπως όταν μιλούν δημόσια ή πόσο αγχωμένοι εμφανίζονται όταν μιλούν ανοιχτά σε ομαδικές συζητήσεις. Οι φίλοι είχαν καλύτερη εικόνα για το εάν ένας δυναμικός υποψήφιος συμμετείχε ή προέβλεψε την απόδοσή του σε τεστ δημιουργικότητας ή IQ.

Η ικανότητά σας να κατανοείτε το συναισθηματικό εύρος ζώνης σας δείχνει μεγαλύτερη ορατότητα σε άλλους από ό,τι θα μπορούσε διαφορετικά.

Τα χαρακτηριστικά που είναι πιο ορατά στους άλλους ανθρώπους παρά στον εαυτό σας μπορεί να παραμείνουν μυστηριώδη για εσάς. Το να τραγουδάς σε ένα καραόκε μπαρ απαιτεί να πείσεις τόσο τον εαυτό σου όσο και όσους ακούνε ότι υπάρχει το ταλέντο σου, ωστόσο αυτοί οι ακροατές μπορούν να αξιολογήσουν καλύτερα το στυλ τραγουδιού και το εύρος της φωνής σου.

Οι άνθρωποι τείνουν να υπερεκτιμούν τη νοημοσύνη τους, με αυτό το μοτίβο να παρατηρείται πιο συχνά στους άνδρες παρά στις γυναίκες. Οι άνθρωποι τείνουν επίσης να υπερεκτιμούν πόσο γενναιόδωροι είναι στην πραγματικότητα, καθώς η γενναιοδωρία θεωρείται αξιοθαύμαστο χαρακτηριστικό. Οι άνθρωποι πιστεύουν επίσης λανθασμένα ότι δεν είναι προκατειλημμένοι ή επικριτικοί γιατί ποιος θα παραδεχόταν τέτοιους ισχυρισμούς εναντίον του εαυτού τους;

Πώς μπορείτε να καθαρίσετε αυτή τη θολή εικόνα του εαυτού σας και να δείτε τον εαυτό σας καθαρά στον καθρέφτη; Κάθε φορά που μια πτυχή του εαυτού σας είναι δύσκολο να αποδεχτείτε, ζητήστε από τους πιο κοντινούς σας ανθρώπους για υποστήριξη για να σας κρατήσουν έναν καθρέφτη. Οι φίλοι, οι γονείς ή οι ρομαντικοί σύντροφοι τείνουν να έχουν περισσότερη εικόνα για το ποιοι πραγματικά είστε από οποιονδήποτε άλλον. Ωστόσο, η εντύπωσή τους μπορεί επίσης να γίνει θολή λόγω αγάπης ή προκαταλήψεων που έχουν εναντίον σας.

Τα ζωτικά σας στοιχεία συνθέτουν την προσωπικότητά σας. καταλάβετε τους. Αυτά περιλαμβάνουν:

Οι αξίες (V), τα ενδιαφέροντα (I), η ιδιοσυγκρασία (T), οι καθημερινές δραστηριότητες και στόχοι (ATC), η αποστολή και οι στόχοι ζωής (LMG), είναι σημαντικά για την επιτυχημένη ζωή.

S - Δεξιότητες/Δυνατά σημεία

Η αναγνώριση των αξιών σας - όπως το να βοηθάτε τους άλλους, να είστε ειλικρινείς, να είστε ευγενικοί - αποτελεί τη βάση για τη λήψη σημαντικών αποφάσεων ζωής και τον καθορισμό στόχων. Το να γνωρίζεις τις αξίες σου σε κρατά να προχωράς όταν οι καιροί γίνονται δύσκολες και διατηρεί το κίνητρο ψηλά! Η εγγραφή αυτών σε ένα ημερολόγιο ή ημερολόγιο έχει αποδειχθεί ότι παρακινεί ενέργειες που γίνονται προς την αυτογνωσία! Γνωρίζοντας τις αξίες σου!

* Όταν παίρνετε αποφάσεις, βασίζεστε σε συναισθήματα ή σε γεγονότα; * Πώς επαναφορτίζετε τα αποθέματα ενέργειας σας -- εξωστρεφής ή εσωστρεφής; * Σχεδιάζετε τα πάντα σχολαστικά ή πηγαίνετε με τη ροή; * Οι λεπτομέρειες είναι πιο σημαντικές για εσάς ή οι μεγαλύτερες ιδέες;

Η κατανόηση των απαντήσεών σας σε τέτοια ερωτήματα θα σας επιτρέψει να τοποθετήσετε τον εαυτό σας διαισθητικά σε καταστάσεις που θα ενισχύσουν την ανάπτυξη αποφεύγοντας όσες την περιορίζουν. Όταν η προσωπικότητά σας ευθυγραμμίζεται με το περιβάλλον της, η ενέργεια χρησιμοποιείται για παραγωγικά έργα αντί να χάνεται και νιώθετε λιγότερο εξαντλημένοι από πριν.

Βιορυθμοί ή καθημερινές δραστηριότητες: Εδώ, η εστίαση πρέπει να είναι στους βιορυθμούς σας ή στις καθημερινές σας δραστηριότητες, για παράδειγμα πότε βιώνετε τα μέγιστα επίπεδα ενέργειας: πρωί ή μεσημέρι; Η εναρμόνιση με τη βιολογία σας σάς επιτρέπει να προγραμματίζετε δραστηριότητες όταν θα έχουν τα μεγαλύτερα κέρδη. συχνά αυτά τα χαρακτηριστικά είναι παρόντα από τη γέννηση - είναι απλώς θέμα να τα αναγνωρίσουμε και να ενεργήσουμε ανάλογα.

Ο συνδυασμός βιολογικών συχνοτήτων με δραστηριότητες φέρνει ικανοποιητικές εμπειρίες, κάνοντας τη ζωή πολύ πιο απλή όταν δεν προσποιείστε ότι είστε κάποιος που δεν είστε!

Η ζωή γίνεται πιο ευτυχισμένη και πιο ουσιαστική όταν κατανοούμε τις αποστολές και τους στόχους της ζωής μας. Εάν δεν είστε βέβαιοι πώς να το κάνετε αυτό, σκεφτείτε ξανά γεγονότα που είχαν ιδιαίτερη σημασία στη ζωή σας, εξετάζοντας τις αιτίες τους: ήταν άτομα που γνωρίσατε εκεί ή απλώς το συναίσθημα που βιώσατε; Αυτή η άσκηση μπορεί να αποκαλύψει κρυφές πτυχές της προσωπικότητάς σας καθώς και να αποκαλύψει τι οδηγεί τις αποφάσεις σταδιοδρομίας σας ή άλλες πτυχές.

Μόλις ξέρετε πού θέλετε να κατευθυνθείτε στη ζωή, είναι ευκολότερο να αξιολογήσετε εάν διαθέτετε τα εργαλεία ή τις δυνάμεις που απαιτούνται για να επιτύχετε τους στόχους της ζωής σας. Αυτά μπορεί να περιλαμβάνουν ταλέντα, ικανότητες ή δεξιότητες καθώς και πλεονεκτήματα χαρακτήρων όπως η συναισθηματική νοημοσύνη, η ανθεκτικότητα και η πίστη - και ούτω καθεξής.

Η αναγνώριση των δυνατοτήτων και των ικανοτήτων κάποιου δημιουργεί αυτοπεποίθηση. η παραμονή τους σε άγνοια έχει ως αποτέλεσμα χαμηλότερη αυτοεκτίμηση.

Για να κατανοήσετε καλύτερα τα δυνατά σας σημεία, προσέξτε τα κομπλιμέντα, αλλά μείνετε σεμνοί όταν τα δέχεστε! Για παράδειγμα, αν κάποιος σας πει ότι αγαπά την καταπραϋντική φωνή σας, εκμεταλλευτείτε αυτό ως ευκαιρία για να βελτιώσετε αυτό το ταλέντο και να τραγουδάτε πιο συχνά! Επιπλέον, δώστε προσοχή σε τυχόν αδυναμίες ώστε να μην γίνουν επιζήμιες για την αυτοπεποίθησή σας και απαιτούν διορθωτικές ενέργειες.

Μόλις αποκτήσετε μεγαλύτερη αυτογνωσία και κατανοήσετε τον εαυτό σας (δηλαδή, τα χαρακτηριστικά της προσωπικότητάς σας, τα δυνατά σημεία, τις αδυναμίες και τα ερεθίσματα), θα νιώσετε δύναμη γνωρίζοντας ότι μπορείτε να χρησιμοποιήσετε αυτή τη γνώση όχι μόνο για αυτο-ανάπτυξη αλλά και για να αποκτήσετε μεγαλύτερη εικόνα για τους γύρω σας εσείς. Γνωρίζοντας καλύτερα τον εαυτό σας, θα ξέρετε πού πρέπει να χαράξετε τα όρια, καθώς και ποιες αφορμές πρέπει να αποφύγετε για να μην διαταραχθεί η ψυχική γαλήνη - όλες οι απαραίτητες δεξιότητες για να δίνετε το 100% χωρίς να αισθάνεστε εξαντλημένοι!

Η γνώση είναι δύναμη; η αυτογνωσία μπορεί να φέρει ειρήνη.

Κατανοήστε τις προκαταλήψεις, τις προκαταλήψεις και τους περιορισμούς σας

Πιθανότατα, έχετε ακούσει ιστορίες για μεροληψία όπου κάποιος παραδόθηκε για εργασία ή στοχοποιήθηκε από τις αρχές επιβολής του νόμου λόγω φυλής, φύλου ή εθνικότητας. Η φυσική μας αντίληψη για αυτούς τους ανθρώπους είναι ότι είναι κακοί άνθρωποι επειδή είναι προκατειλημμένοι προς ορισμένες ομάδες. αλλά οι περισσότεροι δεν συνειδητοποιούν ότι οι ερευνητές στον εγκέφαλο και τις ψυχολογικές επιστήμες ισχυρίζονται ότι οι προκαταλήψεις και οι προκαταλήψεις τείνουν να είναι υποσυνείδητες διαδικασίες που εξακολουθούν να επηρεάζουν τις αλληλεπιδράσεις με τους άλλους και να συμβάλλουν σε κοινωνικές αδικίες στην κοινωνία.

Αυτή η συμπεριφορά γίνεται πιο εμφανής όταν αλληλεπιδράτε με άτομα εκτός του άμεσου κοινωνικού σας κύκλου δείχνοντας προκαταλήψεις (συναισθηματικές προκαταλήψεις), διακρίσεις (συμπεριφορικές προκαταλήψεις) και στερεότυπα (γνωστικές προκαταλήψεις). Τέτοιες προκαταλήψεις μπορεί να είναι ασυνείδητες (δηλαδή, αυτόματες και αμφίθυμες). Μπορεί επίσης να έχουν υποστηριχθεί από την κοινωνία γενικότερα. η ανατροφή έχει τεράστια επιρροή. Μπορείτε να αναπτύξετε επίγνωση της ασυνείδητης σκέψης σας καθώς και να προσδιορίσετε πώς σας επηρεάζει από μέρα σε μέρα.

Πώς σχηματίζονται οι προκαταλήψεις και οι προκαταλήψεις και τι μπορεί να γίνει γι' αυτές; Όταν εξετάζουμε αυτά τα ερωτήματα, θα πρέπει πρώτα να επικεντρωθούμε στο από πού προέρχονται οι προκαταλήψεις και οι προκαταλήψεις και μετά στους τρόπους μετριασμού των επιπτώσεών τους. Το μυαλό μας τείνει να κατηγοριοποιεί και να διαχωρίζει τις πληροφορίες σε ξεχωριστές ενότητες, κάτι που οδηγεί σε αυτή τη συμπεριφορά. Όταν δημιουργείτε συσχετισμούς σε κοινωνικές περιστάσεις αποθηκεύοντας, επεξεργάζεστε και εφαρμόζοντας γνώσεις για άλλους που είναι γνωστές ως Κοινωνική Γνώση. Οι σιωπηρές προκαταλήψεις προκύπτουν καθώς ο εγκέφαλός μας αναζητά μοτίβα για να δημιουργήσει συνδέσεις - κάτι που μας οδηγεί κατευθείαν σε σιωπηρές προκαταλήψεις!

Οι σιωπηρές προκαταλήψεις προκύπτουν από την τάση του εγκεφάλου μας να κάνει συντομεύσεις σε μια προσπάθεια να απλοποιήσει τη ζωή. Δεδομένου ότι η υπερφόρτωση πληροφοριών μπορεί να καταστήσει την επεξεργασία των δεδομένων δυσκίνητη και χρονοβόρα, οι νοητικές συντομεύσεις μας επιτρέπουν να τα κοιτάξουμε πιο γρήγορα και να βρούμε ποιες πληροφορίες αφορούν.

Αν και η αλλαγή των προκαταλήψεων και των προκαταλήψεων των άλλων είναι πρόκληση, προσδιορίζοντας τις προσωπικές σας προτιμήσεις μπορείτε να τις μειώσετε και να βοηθήσετε άλλους να κατανοήσουν πώς οι προκαταλήψεις τους επηρεάζουν την κρίση και τις πράξεις τους απέναντι στους άλλους.

Ας ξεκινήσουμε από το ίδρυμα Πρώτα και κύρια, αναγνωρίστε ότι κάθε άτομο είναι ένα άτομο με ατομικές ιδιότητες, δυνάμεις και αδυναμίες που δεν μπορούν να κατηγοριοποιηθούν. Επομένως, αφιερώστε χρόνο για να γνωρίσετε ανθρώπους σε οικείο επίπεδο και αποφύγετε να κατηγοριοποιείτε ή να κατηγοριοποιείτε τους ανθρώπους με βάση τα στερεότυπα ή τις προκαταλήψεις. Εάν η αντίδρασή σας απέναντι σε κάποιον οφείλεται σε ένα, αλλάξτε τη συμπεριφορά σας αμέσως για να αφαιρέσετε τέτοιες προκαταλήψεις. αν και μερικές φορές οι απαντήσεις μπορεί να έρθουν γρήγορα. Αφιερώστε λίγο χρόνο μετά τη δράση για να σκεφτείτε και να εξετάσετε άλλες επιλογές πριν ενεργήσετε ξανά με συγκεκριμένους τρόπους.

Η αλλαγή προοπτικής είναι επίσης το κλειδί για τη μετατόπιση της νοοτροπίας κάποιου. Βλέποντας τα πράγματα από την οπτική γωνία των άλλων, βάζεις τον εαυτό σου στη θέση τους και σε βοηθά να καταλάβεις από πού προέρχονται, πώς σκέφτονται και τις εμπειρίες τους. Κάνοντας αυτό μπορεί επίσης να ενσταλάξει την ενσυναίσθηση μέσα σας - μόλις προκύψει αυτό το συναίσθημα, φυσικά θα το σκεφτείτε δύο φορές πριν το κρίνετε.

Η ενασχόληση με νέους πολιτισμούς, εθνότητες και φυλές είναι επίσης ευεργετική για τη διεύρυνση της προοπτικής σας. Δίνοντας περισσότερο χρόνο και προσοχή σε άτομα από αυτές τις ομάδες, θα νιώσετε μια στιγμιαία αίσθηση του ανήκειν που εμποδίζει την ανάπτυξη οποιασδήποτε προκατάληψης εναντίον τους.

Εκτός από τη γιόγκα και τον διαλογισμό, οι πρακτικές ενσυνειδητότητας όπως η εστιασμένη αναπνοή ή ο εστιασμένος διαλογισμός γιόγκα επιτρέπουν επίσης στα άτομα να αποκτήσουν αυτογνωσία και να αναλάβουν τον έλεγχο των σκέψεων και των πράξεών τους.

Οι προσωπικές προκαταλήψεις, οι προκαταλήψεις και οι περιορισμοί μπορεί να είναι ενοχλητικοί επειδή σας εμποδίζουν να δείτε ανθρώπους πέρα από ένα συγκεκριμένο πλαίσιο - κάτι που με τη σειρά του οδηγεί σε εσφαλμένη κατανόησή τους. Αλλά από τη θετική πλευρά, το να έχετε ανοιχτό μυαλό και να έχετε επίγνωση αυτών των περιορισμών θα σας επιτρέψει να εργαστείτε για την εξάλειψη ή τουλάχιστον τη μείωση τους - όχι μόνο θα βελτιώσει την ανάγνωση των ανθρώπων αλλά θα διευρύνει περαιτέρω το μυαλό σας και θα ενθαρρύνει την προσωπική ανάπτυξη.

Έχετε βρεθεί ποτέ σε αδιέξοδο, αβέβαιο ποια κατεύθυνση να ακολουθήσετε; Αφού κάνατε εξαντλητικές λίστες με πλεονεκτήματα και μειονεκτήματα για διάφορες επιλογές που έχετε στη διάθεσή σας, δεν κάνετε καμία πρόοδο στη λήψη μιας απόφασης; Κάθε επιλογή θέτει διαφορετικά εμπόδια, αφήνοντάς σας αβέβαιο πώς να προχωρήσετε καλύτερα.

Υπό αυτές τις συνθήκες, είναι σημαντικό να κάνετε μια ειλικρινή απογραφή του εαυτού σας και να προσδιορίσετε τις πραγματικές σας επιθυμίες. Αλλά αν αυτή η διαδικασία δεν σας έρχεται φυσικά και η πίεση σας κάνει να ενεργείτε παρορμητικά ή να συμμορφώνεστε με συμπεριφορά που αρέσει στους ανθρώπους, τα αποτελέσματα μπορεί να είναι καταστροφικά!

Η διαίσθηση μπορεί να γίνει φίλος σας σε περιόδους προβλημάτων. Μερικοί το αποκαλούν διαίσθηση. Άλλοι το αναφέρουν ως εντερικό συναίσθημα ή εσωτερική φωνή ή καμπούρα τους. ανεξάρτητα από το όνομα που ακούει, η διαίσθηση θα σας καθοδηγήσει σε δύσκολα μονοπάτια της ζωής, λέγοντάς σας πότε η απόφαση ευθυγραμμίζεται με την καρδιά σας.

Ωστόσο, πολλοί άνθρωποι θεωρούν ότι είναι δύσκολο να αναγνωρίσουν τη διαίσθησή τους. Αυτό συμβαίνει επειδή τα εσωτερικά μας εμπόδια συχνά παρεμποδίζουν, όπως η υπερβολική σκέψη, η αναζήτηση έγκρισης, οι έμμεσες προκαταλήψεις που θα έπρεπε να έχουν και τα τραύματα του παρελθόντος που μας εμποδίζουν να τα αξιοποιήσουμε. Το να ξεπεράσετε αυτά τα εμπόδια απαιτεί αυτογνωσία και ικανότητα να προσδιορίζετε τι οδηγεί τις αποφάσεις σας. Όταν επιτευχθεί αυτό, προκύπτει ισχυρή διαισθητική σκέψη που οδηγεί σε αποφάσεις που ωφελούν τους εαυτούς μας ως άτομα και φροντίζουμε να επιλέγουμε αποφάσεις που μας εξυπηρετούν καλά.

Γνωστοί άνθρωποι όπως ο Henry Ford είναι εξαιρετικά παραδείγματα όσων βασίζονται στη διαίσθηση. Ένα τέτοιο άτομο ήταν το 1914 όταν ο Henry Ford αντιμετώπισε φθίνουσα ζήτηση και υψηλό κύκλο εργασιών στην εταιρεία του. Αντί να ακολουθήσει τις συμβατικές συμβουλές και να αυξήσει τους μισθούς των εργαζομένων κατά 50%, έκανε μια τολμηρή κίνηση και τους διπλασίασε αντ 'αυτού, οδηγώντας σε μειωμένα ποσοστά τζίρου και περισσότερους εργάτες να αγοράζουν αυτοκίνητα για τον εαυτό τους και τελικά σε αύξηση της ζήτησης ξανά.

Ο Άλμπερτ Αϊνστάιν ήταν ένας άλλος αξιόλογος επιστήμονας που αγνόησε τις παραδοσιακές θεωρίες της φυσικής λόγω της διαίσθησής του. Παραδέχτηκε ότι πίστευε στις εμπνεύσεις και τις διαισθήσεις και ένιωθε σίγουρος ότι είχε δίκιο παρόλο που δεν ήξερε με βεβαιότητα. Όταν οι επιστήμονες που χρηματοδοτήθηκαν από τη Βασιλική Ακαδημία διεξήγαγαν πειράματα δοκιμάζοντας τη θεωρία της σχετικότητας του Αϊνστάιν, ήταν σίγουρος για την επιτυχία τους - δεν ήταν έκπληξη τότε όταν μια έκλειψη στις 29 Μαΐου 1919 απέδειξε τη θεωρία του!

Ο Paul McCartney βασίστηκε σε μεγάλο βαθμό στη διαίσθηση κατά τη δημιουργία του "Yesterday". Σύμφωνα με τον ίδιο, ονειρευόταν να γράψει κάτι που θα γινόταν εξαιρετικά δημοφιλές, αλλά φοβόταν ότι το περιεχόμενό του μπορεί να διαφέρει από το αναμενόμενο.

Ωστόσο, εμπιστευόταν τον εαυτό του και βασίστηκε στη διαίσθηση που τελικά τον οδήγησε στην επιτυχία και σε αυτό που θεωρούσε «την πιο μαγική εμπειρία».

Τι ακριβώς είναι λοιπόν η διαίσθηση; Ένα βασικό σημείο σχετικά με τη διαίσθηση που πρέπει να θυμόμαστε είναι ότι στερείται λογικής. Αντίθετα, βασίζεται σε συναισθηματικά ένστικτα, εμπειρίες ή άλλους παράγοντες για τη λήψη αποφάσεων. Επιπλέον, η διαίσθηση μπορεί να χωριστεί σε τρεις διαφορετικές κατηγορίες.
* Διορατικότητα και συνοχή: Αυτός ο τομέας σχετίζεται με τη νοημοσύνη (IQ) και περιλαμβάνει τη συνειδητοποίηση κάτι χωρίς να κατανοήσουμε την πηγή του.
Η υποκειμενική διαίσθηση αναφέρεται στο να έχεις την ψευδαίσθηση ότι γνωρίζεις κάτι, που χρησιμοποιείται συχνά από διανοητικά περίεργους τύπους που λύνουν γρίφους. * Η άρρητη μάθηση αναφέρεται στη γνώση κάτι μέσω της ανάληψης γνωστικών προτύπων.

Η διαίσθηση βασίζεται στην αντιστοίχιση προτύπων από προηγούμενες εμπειρίες με εκείνες από παρούσες καταστάσεις, με πληροφορίες που επεξεργάζονται τόσο συνειδητά όσο και υποσυνείδητα από τον εγκέφαλό σας. Στη συνέχεια, η διαίσθησή σας τραβάει αυτές τις σκέψεις και τα μοτίβα από το ασυνείδητο μέρος του εγκεφάλου σας και τις εφαρμόζει απευθείας στο τρέχον σενάριο - αυτό οδηγεί στη λήψη αποφάσεων πιο γρήγορα και αποφασιστικά.
Οι προγνωστικές ικανότητες του εγκεφάλου μπαίνουν στο παιχνίδι με την αντιστοίχιση ή την αναντιστοιχία κρυμμένης γνώσης που δεν έχει γίνει αντιληπτή με τις τρέχουσες εμπειρίες.
Γιατί το έχουμε μετατρέψει σε μια διάλεξη για τη διαίσθηση; Απλώς επειδή μόλις κατανοήσετε τη λειτουργία του και την επίδρασή του στη λήψη αποφάσεων, μπορεί να είστε σε θέση να το διαφοροποιήσετε από τις συναισθηματικές αντιδράσεις που προκαλούνται από φόβο και να χρησιμοποιήσετε τις γνώσεις του για να λάβετε πιο αποτελεσματικές αποφάσεις ζωής.
Όχι μόνο μπορείτε να αναγνωρίσετε τη διαίσθησή σας, αλλά μπορείτε να την ενισχύσετε περαιτέρω μέσα από διάφορες ασκήσεις.
Η εσκεμμένη ενδοσκόπηση βοηθά στην αύξηση της αυτογνωσίας και στην αναγνώριση των προτεραιοτήτων σας. Τα άτομα που εμπλέκονται τακτικά στην ενδοσκόπηση εξερευνούν τα συναισθήματά τους, πού τα επηρεάζουν και πού βρίσκονται οι συναισθηματικές τους αντιδράσεις. Οι άνθρωποι που εξετάζουν τακτικά εσωτερικά δεν φοβούνται να νιώθουν τα συναισθήματά τους. μάλλον έχουν τη συνήθεια να ρωτούν "Πώς νιώθω γι' αυτό;" προκειμένου να αναγνωρίσουν και να εμπιστευτούν τα συναισθήματά τους.
Τα εξαιρετικά διαισθητικά άτομα είναι γνωστά για το ότι είναι ανοιχτά και ειλικρινή με τον εαυτό τους χωρίς να κρύβονται πίσω από μια υποτιθέμενη πρόσοψη, αντανακλώντας τις ανάγκες και τις επιθυμίες τους αντί να παγιδεύονται στα «πρέπει». Η προοπτική τους καθοδηγείται από αξίες που βοηθούν στη διατήρηση της ισορροπίας μέσα τους και κρατούν τη διαίσθηση υπό έλεγχο.

Επαναφορτίζοντας την ενέργειά τους, αναζητούν τη μοναξιά από καιρό σε καιρό για να επαναφορτιστούν και να αντανακλούν προς τα μέσα. Η μοναξιά μπορεί να έχει τη μορφή χαλαρών περιπάτων μέσα σε πάρκα και δάση, πίνοντας καφέ δίπλα σε ένα τζάκι ή καθισμένοι δίπλα στη θάλασσα βλέποντας το ηλιοβασίλεμα - κάθε δραστηριότητα που τους επιτρέπει να ακούν την εσωτερική τους φωνή δίνοντας στον εαυτό τους χώρο αναπνοής.

Η ενσυναίσθηση είναι ένα άλλο χαρακτηριστικό που συναντάται συνήθως σε διαισθητικούς ανθρώπους. Η ικανότητά τους να βάζουν τον εαυτό τους στη θέση των άλλων και να αντιλαμβάνονται πώς κάποιος άλλος μπορεί να βιώσει ένα γεγονός τους κάνει το άτομο που θέλει πολλούς άλλους. Η διαίσθησή τους τους κάνει περίεργους να καταλάβουν πόσο κοντά νιώθουν οι άνθρωποι, όχι από περιέργεια αλλά από την επιθυμία να δημιουργηθούν ισχυροί δεσμοί μεταξύ των ατόμων. Όσο περισσότερο εξοικειώνεται με κάποιον μια διαισθητική ενσυναίσθηση, τόσο πιο εύκολο γίνεται για αυτόν να προβλέψει τη διάθεση αυτού του ατόμου και να καταλάβει τις ανάγκες και τα συναισθήματά του. Οι αισθήσεις τους συλλαμβάνουν ενδείξεις όπως η γλώσσα του σώματος και οι κοινωνικές αλληλεπιδράσεις που τους βοηθούν να κατανοήσουν με μεγαλύτερη ακρίβεια τι χρειάζονται τα άτομα από τους γύρω τους όσον αφορά τη γλώσσα του σώματος ή τις κοινωνικές αλληλεπιδράσεις που βοηθούν στη σύνδεση κουκκίδων, ώστε να κατανοήσουν τι χρειάζεται ο ένας από τον άλλον από αυτούς και να κατανοήσουν τι χρειάζονται οι άνθρωποι από τους άλλους όσον αφορά τη γλώσσα του σώματος ή τις κοινωνικές αλληλεπιδράσεις που βοηθούν τους διαισθητικούς ενσυναίσθητους να κατανοήσουν τι χρειάζεται ο ένας από τον άλλον από αυτούς επίσης.

Η διαίσθηση μπορεί να είναι μια ισχυρή πηγή που μπορεί να σας βοηθήσει να ξεφύγετε από επιβλαβείς καταστάσεις και να σας καθοδηγήσει προς εκείνες που θα φέρουν μεγαλύτερη εκπλήρωση. Με τις στιγμιαίες αποκρίσεις και τις δυνατότητες ανοίγματος της νοητικής ικανότητας, η διαίσθηση μας βοηθά να λαμβάνουμε γρήγορες, τεκμηριωμένες αποφάσεις. Αναγνωρίστε καταστάσεις όπου η διαίσθηση εμφανίζεται πιο εύκολα για να αξιοποιήσετε αυτόν τον πόρο πληρέστερα. Αναδημιουργήστε τέτοιες στιγμές για να μεγιστοποιήσετε τη δύναμή του.

Η ζωή στη σημερινή κοινωνία διαμορφώνει τις πράξεις, τη σκέψη και την προσωπικότητά μας με πολλούς τρόπους. Το να μένει κανείς πιστός στον εαυτό του κατά την πλοήγηση σε αυτή τη ζωή μπορεί να είναι πρόκληση. Ωστόσο, το να είστε αυθεντικοί σας βοηθά να ξεκλειδώσετε πλήρως τις δυνατότητές σας και να αξιοποιήσετε πλήρως τις δυνατότητές σας.

Όταν κάποιος σας ρωτήσει πώς τα πάτε, πώς πρέπει να απαντήσετε; Έχετε την τάση να υποθέσετε ότι δεν τους νοιάζει πολύ και να δίνετε μια ανειλικρινή απάντηση όπως «είμαι καλά»; Ή θα πρέπει να σκεφτείτε να απαντήσετε με ειλικρίνεια πώς νιώθετε πραγματικά; Οι περισσότεροι άνθρωποι επιλέγουν την τελευταία προσέγγιση, καθώς η αποκάλυψη της πραγματικής κατάστασης κάποιου θα οδηγήσει σε περαιτέρω συζητήσεις για τον εαυτό τους που πολλοί προτιμούν να αποφεύγουν.

Ιδεαλιστικά, οι άνθρωποι δεν φοβούνται να εκφραστούν ελεύθερα και να φορούν μάσκες αντί να αποκλείονται από τους άλλους. Δυστυχώς, όμως, όταν συνεχίζουμε να φοράμε τις μάσκες μας για πολύ καιρό, είναι δύσκολο να τις βγάλουμε, με αποτέλεσμα να γίνουμε κάποιος που δεν είμαστε και ακόμη και όταν είμαστε μόνοι αρχίζουμε να σκεφτόμαστε πώς μας βλέπουν οι άλλοι και τι μπορεί να σκέφτονται οι άλλοι για εμάς.

Ο Svend Brinkman, ένας Δανός ψυχολόγος, σημείωσε ότι οι άνθρωποι συχνά περιμένουν από τον εαυτό τους και τους άλλους να φαίνονται πάντα χαρούμενοι και θετικοί. Ωστόσο, αυτό μπορεί να έχει αρνητικές παρενέργειες. Ενώ το να είσαι θετικός μπορεί να είναι θετικό από μόνο του, το να φαίνεσαι χαρούμενος ανά πάσα στιγμή μπορεί να περιλαμβάνει την απόκρυψη των αληθινών συναισθημάτων σου για να ευχαριστήσεις τους άλλους φαίνοντας θετικός[14].

Κανείς δεν μπορεί να είναι πάντα χαρούμενος και αισιόδοξος. Προσποιούμενος ότι όλα είναι καλά ενώ δεν είσαι, σταματάς να είσαι διεκδικητικός και αρχίζεις να απομακρύνεσαι από αυτό που πραγματικά είσαι. Η αναγνώριση των αρνητικών συναισθημάτων προκαλεί προβληματισμό σχετικά με το τι το προκάλεσε και τα γεγονότα που μπορεί να συνέβαλαν στην εκδήλωσή του. Μόλις βρεθεί, θα πρέπει να καταβληθούν προσπάθειες για την επίλυσή του. Το να κρατάτε απλώς κρυφά τα προβλήματα θα αυξήσει τη σοβαρότητά τους με την πάροδο του χρόνου και θα καταστούν μη διαχειρίσιμα.

Πώς μπορείτε να ξεκινήσετε την πορεία προς το να γίνετε ο αληθινός σας εαυτός;

Μάθετε να είστε ευάλωτοι

Το να είσαι αληθινός στον εαυτό σου σημαίνει να μπορείς να ζητάς αυτό που χρειάζεσαι και να το εκφράσεις λεκτικά. Η έκφραση συναισθημάτων μέσω του λόγου μάς επιτρέπει να διατυπώνουμε τις ανάγκες και τις επιθυμίες μας, όπως να λέμε σε κάποιον «είναι εντάξει να μην είσαι εντάξει». Το να αγνοείς μια πτυχή του εαυτού σου μπορεί να σημαίνει ότι καταπιέζεις ένα άλλο μέρος. Το να είσαι ο αληθινός σου εαυτός σημαίνει να αποδέχεσαι όλα τα μέρη σου - τα άπορα αλλά και τα αυτάρκη μέρη!

Η ευπάθεια δίνει στους άλλους λιγότερη δύναμη να τονίσουν τα ελαττώματα ή τις αδυναμίες σας. Μόλις το συνειδητοποιήσετε, οι άλλοι δεν μπορούν να τα χρησιμοποιήσουν εναντίον σας.

Αφιερώστε λίγο χρόνο για να παρατηρήσετε πώς ενεργείτε όταν δεν υπάρχει κανένας τριγύρω. ποιες ενέργειες ευχαριστούν τους άλλους ή τον εαυτό σας; Το να γίνετε ο αυθεντικός, καλύτερος εαυτός σας δεν εξαρτάται από την επιτυχία ή την υψηλή θέση. μάλλον συνεπάγεται την ανάπτυξη του χαρακτήρα μέσω του πώς συμπεριφέρεσαι όταν δεν υπάρχει κανείς.

Για να πετύχετε τη ζωή που επιθυμείτε, είναι επιτακτική ανάγκη να είστε πιστοί σε αυτό που θέλετε να είστε. Πολλοί ακολουθούν μια προσέγγιση «ψεύτικο μέχρι να τα καταφέρεις» στη ζωή, αλλά αυτό μπορεί να γίνει πρόκληση αν λείπει το πάθος και η προθυμία να ζεις αυθεντικά. Ένας δυνατός χαρακτήρας βοηθά στην ανάπτυξη ανθεκτικότητας που μας επιτρέπει να φτάνουμε πιο εύκολα στους επιθυμητούς προορισμούς.

Ο χαρακτήρας ορίζεται από το πώς αντιδράς σε κάθε δεδομένη κατάσταση αντί να γίνεσαι θύμα αυτού που σου συμβαίνει. Το να κάνεις το σωστό όταν αντιμετωπίζεις εμπόδια είναι μέρος αυτής της ιδέας. Μια άλλη πτυχή περιλαμβάνει την καταβολή προσπαθειών για να τα ξεπεράσετε, προκειμένου να αποδείξετε στους άλλους ότι μπορείτε να αντέξετε ό,τι βρεθεί στο δρόμο σας. Το να αναλαμβάνεις τη ζωή σου σημαίνει να μην απολογείσαι σε σχέση με τις επιλογές και τις πράξεις που κάνεις, να είσαι αισιόδοξος ακόμα και σε περιόδους δυσκολίας και να γίνεις ο καλύτερος εαυτός σου για να δημιουργήσεις τη ζωή που οραματίζεσαι για τον εαυτό σου.

Αλλά πώς μπορείτε να προσδιορίσετε τι είναι αυτό που πραγματικά επιθυμείτε; Δυστυχώς, η επιτυχία, η θέση ή ο πλούτος δεν φέρνουν πάντα ευτυχία ή ικανοποίηση - η επιθυμία μας για υλιστικούς στόχους προέρχεται από το να μην πιστεύουμε ότι είμαστε αρκετοί.

Η ανάγκη των ανθρώπων να αισθάνονται «αρκετά» ως προς το ποιοι είναι είναι αυτή που παρακινεί πολλούς από αυτούς να αγοράσουν ακριβά πράγματα και να δειπνήσουν σε πολυτελή εστιατόρια. Το εγώ σου αρχίζει να σου λέει να είσαι κάποιος που δεν είσαι μόνο για να αποδείξεις την αυτοαξία σου στους άλλους. αλλά αυτό δεν αντικατοπτρίζει μια αληθινή κατανόηση της αυτοεκτίμησης.

Το Εγώ μπορεί να καταστείλει τον αυθεντικό εαυτό μας με την αδιάκοπη αναζήτηση της αξίας και της αγάπης του εαυτού μας, έτσι ως μέσο πλήρωσης αυτού του κενού το τροφοδοτούμε αναζητώντας πλούτο ή θέση.

Το να αναγνωρίσετε ότι είστε αρκετοί χωρίς όλες τις υλιστικές ατάκες είναι το κλειδί για να συνειδητοποιήσετε ποιοι πραγματικά είστε και να δημιουργήσετε τη ζωή που οραματίζεστε για τον εαυτό σας. Πιστεύοντας αυτό βαθιά μέσα σας, μπορείτε να συνδεθείτε με αυτό που πραγματικά είστε και να διαμορφώσετε μια ολοκληρωμένη ύπαρξη για τον εαυτό σας.

Με την αποδοχή και την αναγνώριση του ποιοι πραγματικά είστε, στέλνετε το σήμα ότι είστε έτοιμοι να ξεκινήσετε το μονοπάτι που έχει χαράξει μπροστά σας το σύμπαν, να ξεπεράσετε τυχόν προκλήσεις και να αναδειχθείτε ένα χαρούμενο και ικανοποιημένο άτομο.

Διαβάζουμε (κρίνουμε) πολύ σκληρά; Πριν από λίγες μέρες, ενώ περίμενα στην ουρά για να μπω στο γυμναστήριό μου για την απογευματινή μου προπόνηση, άκουσα δύο γυναίκες να συζητούν για ένα άλλο μέλος του γυμναστηρίου που ήξεραν ως «χοντρός-α** Τζούντι». Ένας είπε κάτι σαν: «Αναρωτιέμαι αν είναι εδώ απόψε...».

"Ναι, ορίστε αυτή. Ιησού, είναι τόσο τρελή."

Όταν ήρθε η σειρά τους, και οι δύο γυναίκες μπήκαν στο γυμναστήριο γελώντας με την Τζούντι ως διασκέδαση. Αυτές ήταν ενήλικες γυναίκες των οποίων η πηγή ψυχαγωγίας ήταν να κριτικάρουν κάποιον που αντιμετωπίζει θέματα με διαφορετικό τρόπο από τον εαυτό τους.

Γεγονότα όπως αυτά μας υπενθυμίζουν ότι η κρίση είναι ένα δυσάρεστο συναίσθημα. Δυστυχώς, η κρίση συχνά σας καθορίζει περισσότερο από ό,τι καθορίζει οποιονδήποτε άλλον. το δικό σου συχνά πηγάζει από αδυναμίες μέσα σου.

Σας φαίνεται οικεία κάποια από αυτές τις καταστάσεις; «Γιατί το Instagram αυτού του κοριτσιού έχει περισσότερους ακόλουθους από τους δικούς μου, παρόλο που οι φωτογραφίες της μοιάζουν σαν να τραβήχτηκαν από μαθητή δημοτικού;» Αυτό σημαίνει ότι θα θέλατε ο λογαριασμός σας να είχε περισσότερους ακόλουθους, νιώθοντας ανασφάλεια γι' αυτό όλη την ώρα.

«Αυτός ο τύπος φαίνεται πάντα χαρούμενος και ωραίος· πρέπει να είναι ψεύτικο!» Δείχνει τη ζήλια σας για την ικανότητά του να συνδέεται με τους ανθρώπους και να εύχεται η ζωή σας να ήταν τόσο ικανοποιητική με τη δική του. Ωστόσο, αντί να εργάζεστε για τη βελτίωση του εαυτού σας προσωπικά, κρίνετε και χαρακτηρίζετε τους άλλους.

«Πιστεύει ότι είναι τόσο σημαντικός λόγω του ακριβού αυτοκινήτου και του σπιτιού του· πόσο επιφανειακό!» Τα χείλη σου το λένε, ενώ η καρδιά σου ξέρει διαφορετικά. Ωστόσο, αυτό που εκφράζουν τα χείλη σας μπορεί στην πραγματικότητα να σημαίνει ότι όλες αυτές οι πολυτέλειες σας κάνουν να εύχεστε να ζούσατε έναν διαφορετικό τρόπο ζωής, αντί να νιώθετε συνεχώς σπασμένοι.

Κοιτάξτε γύρω σας και προσπαθήστε να εντοπίσετε όποιον φαίνεται σίγουρος για τον εαυτό του ενώ κρίνει σκληρά τους άλλους. Οι πιθανότητες είναι ότι δεν θα υπάρχει κανένας τέτοιος επειδή οι κρίσεις σας αποκαλύπτουν αδυναμίες, ανασφάλειες και ήπια σημεία που προσπαθείτε να κρύψετε από την κοινωνία.

Ένας λόγος που κρίνουμε τόσο εύκολα τους άλλους είναι επειδή κάνουμε το ίδιο στον εαυτό μας - όλοι οι δρόμοι οδηγούν πίσω στο "εμείς".

Τι μπορείτε να κάνετε αν πιάνετε τον εαυτό σας να διαβάζει και να κρίνει τους άλλους πολύ σκληρά; Αν και το να σταματήσεις τελείως μπορεί να ακούγεται ιδεαλιστικό, αυτό απλά δεν είναι δυνατό. Ωστόσο, υπάρχει ένας αποτελεσματικός τρόπος για να πιάσετε τον εαυτό σας πριν μετατραπείτε σε ένα αδίστακτο τέρας κρίσης: να προσέχετε όταν διαβάζετε ή κρίνετε κάποιον και σταματήστε πριν γίνετε!

Μείνετε περίεργοι. Η κρίση εμποδίζει τη λογική σκέψη και σας εμποδίζει να κατανοήσετε ανθρώπους ή καταστάσεις. Συχνά αυτές οι πεποιθήσεις προέρχονται από περιορισμένες πληροφορίες.

Η περιέργεια αφήνει κάποιον ανοιχτό στην πιθανότητα να υπάρχουν περισσότερα στην κατάσταση. κάτι στα παρασκήνια που δεν παρατηρείτε.

Μόλις κάποιος ενεργεί παράξενα ή ενάντια στις προτιμήσεις σας, κάντε την εξής απλή ερώτηση: "Συμβαίνει κάτι με αυτό το άτομο που δεν μπορώ να δω;" Αυτή η προσέγγιση μπορεί να φαίνεται προφανής, αλλά θα χρησιμεύσει για να σας υπενθυμίσει ότι συχνά συμβαίνουν περισσότερα από όσα φαίνονται στο μάτι.

Η κρίση των ανθρώπων μπορεί να είναι εύκολη και μπορεί ακόμη και να αισθάνεται ικανοποιητική. Ωστόσο, η παραμονή της περιέργειας απαιτεί συναισθηματική νοημοσύνη, ωριμότητα και αυτοέλεγχο.

Πριν κάνετε μια στιγμιαία κρίση για κάποιον, σταματήστε και σκεφτείτε πριν μιλήσετε ή στείλετε μηνύματα με αγενή λόγια. Οι λέξεις δεν παίρνουν πίσω, κάποτε ειπώθηκαν ότι αφήνουν μια εντυπωσιακή εντυπωσιακή εντύπωση που μπορεί να διαρκέσει μια ζωή! Βάλτε τον εαυτό σας στη θέση τους, ώστε να μπορείτε να κατανοήσετε τις προθέσεις τους. μετατρέψτε τα μοτίβα αρνητικών σκέψεων σε εποικοδομητικά, ώστε να καταπολεμήσετε την αρνητικότητα εκ των έσω - μετά εξαλείψτε την πηγή της!

Αναπόσπαστο στοιχείο της προσωπικής ανάπτυξης και εξέλιξης είναι να συνειδητοποιήσουμε τα δικά μας ελαττώματα, να αλλάξουμε πρότυπα για να γίνουμε πιο θετικά και ώριμα άτομα, ενώ αποδεχόμαστε τους άλλους χωρίς κρίση ή κριτική ως μέρος αυτού του ταξιδιού.

Όπως συζητήθηκε στο δεύτερο μέρος, η κατανόηση του τι παρακινεί τους άλλους είναι σημαντική. αλλά εξίσου σημαντικό για την ευτυχία και την ευημερία σας είναι να προσδιορίσετε και να κατανοήσετε τι σας οδηγεί στη ζωή. Με το να παραμένετε εμπνευσμένοι και παρακινημένοι, θα βρείτε ενέργεια και ώθηση που μπορεί να τροφοδοτήσει την ευτυχία μέσα σας και να εξαπλωθεί σε όλους τους γύρω σας - όπως το να γεμίσετε ένα άδειο πηγάδι δεν μπορεί να προσφέρει ανακούφιση!

Το εσωτερικό κίνητρο μπορεί να προέλθει από πολλαπλές πηγές, συμπεριλαμβανομένης της οικονομικής ανεξαρτησίας, των οφελών για την υγεία, της σταθερότητας ή της αυτοεκπλήρωσης. Κάθε άτομο είναι μοναδικό στο κίνητρό του. ως εκ τούτου, γιατί κάποιοι ευδοκιμούν περισσότερο με την εργασία ή την εργασία προσανατολισμένη στις δεξιότητες, ενώ άλλοι παραμένουν σε θέσεις παροχής υπηρεσιών - αυτοί οι παράγοντες καθορίζουν ποιο δρόμο επιλέγει κάποιος.

1. Εσωτερικό κίνητρο: Δραστηριότητες που απολαμβάνετε να κάνετε για χάρη τους, όπως η μελέτη εγκληματικής δημοσιογραφίας, επειδή η παρακολούθηση αστυνομικών ντοκιμαντέρ και η ανάγνωση μυθιστορημάτων μυστηρίου το έχει εμπνεύσει.

2. Καθορισμένα κίνητρα: Δραστηριότητες στις οποίες συμμετέχετε και σας φέρνουν πιο κοντά στην επίτευξη των στόχων σας. Για παράδειγμα, να σπουδάσετε εγκληματική δημοσιογραφία, εάν ο στόχος σας είναι να εργαστείτε ως πράκτορας επιβολής του νόμου.

Μελέτες που διεξήχθησαν για τη διερεύνηση των επιπτώσεων των εγγενών και αναγνωρισμένων κινήτρων στην ευτυχία και την ευημερία των παιδιών έδειξαν ότι εκείνα τα παιδιά που είχαν εγγενή κίνητρα να μάθουν περισσότερα ήταν ψυχολογικά σε καλύτερη κατάσταση, ανεξάρτητα από τους βαθμούς τους.[15]

Μόλις καταλάβετε ποιο κίνητρο οδηγεί ποιες ενέργειες, το επόμενο βήμα θα πρέπει να είναι να προσδιορίσετε τι σας οδηγεί. Το να κάνετε μια αυτοαξιολόγηση και να είστε ειλικρινείς σχετικά με το πώς και γιατί γίνατε αυτό που είστε τώρα, μπορεί να σας βοηθήσει να προσδιορίσετε τι σας οδηγεί - στη συνέχεια, σκεφτείτε ένα σχέδιο δράσης για να φτάσετε εκεί που θα θέλατε να βρίσκεστε στη ζωή.

Οι ειδικοί συμβουλεύουν όταν προσπαθείτε να εντοπίσετε τα κίνητρα, είναι χρήσιμο να θυμάστε εκείνες τις στιγμές που ένιωθες πιο ζωντανοί και πρόθυμοι να ολοκληρώσεις κάτι. Το να αναλογιστείτε αυτές τις εργασίες που είχαν ιδιαίτερα υψηλό ποσοστό δέσμευσης μπορεί να αποκαλύψει πού βρίσκονται τα πάθη σας.

Θυμηθείτε αυτές τις περιπτώσεις και σκεφτείτε τι οδήγησε στην αίσθηση του επιτεύγματος ή του ενθουσιασμού σας και, στη συνέχεια, εξερευνήστε τις αιτίες τους, κατανοώντας γιατί συνέβησαν τα πράγματα με αυτόν τον τρόπο. Απαντώντας σε αυτήν την ερώτηση, μπορεί να βοηθήσει στον εντοπισμό των κινήτρων. Ακολουθούν ορισμένες ερωτήσεις που μπορείτε να κάνετε στον εαυτό σας για να τις εντοπίσετε:

* Ποιος φαντάζεσai να γίνεις σε δύο με τρία χρόνια;

Πώς θα συμπεριφερόταν αυτό το άτομο; Αν τα χρήματα και οι πόροι δεν ήταν θέμα για εσάς, ποιον θα βοηθούσατε από γενναιοδωρία πνεύματος; Πού θα θέλατε να κάνετε μια ισχυρή δήλωση σχετικά με το τι σας ενδιαφέρει ή σας παρακινεί. * Ποια χόμπι και οι ασχολίες σας κάνουν ευτυχισμένους;

* Ποιες ιδιότητες πρέπει να αναπτύξετε για να γίνετε η καλύτερη εκδοχή του εαυτού σας και να δημιουργήσετε τη ζωή που οραματίζεστε για τον εαυτό σας;

Απαντήστε στις παρακάτω ερωτήσεις για να αποκαλύψετε τις εμπνεύσεις σας και να ζήσετε μια ζωή που αντανακλά τις αξίες και τα πιστεύω σας.

Ένα σημαντικό βήμα προς την παρακίνηση είναι η αντιμετώπιση του φόβου. Ο φόβος μας εμποδίζει να προχωρήσουμε μπροστά. εμποδίζει την κίνηση, μας κάνει να αμφιβάλλουμε για τον εαυτό μας σε κάθε στροφή και μας οδηγεί σε έναν περιττό δρόμο προσοχής. Δυστυχώς, μερικές φορές οι φόβοι μας προκύπτουν από τη φαντασία και όχι από την ακριβή αξιολόγηση των κινδύνων. ακόμα κι αν ο ενθουσιασμός επισκιάζει τον φόβο για να συνεχίσετε περαιτέρω το έργο σας, θα εξακολουθήσουν να υπάρχουν μέρη του εαυτού μας που θέλουν να προστατέψουν από εξωτερικές επιρροές και να συγκρατηθούν σε μια προσπάθεια να διασφαλίσουν την ασφάλειά μας.

Για να ξεφύγετε από αυτή την κατάσταση, είναι απαραίτητο να αντιμετωπίσετε τους φόβους σας κατάματα και να τους ξεπεράσετε. Το πρώτο βήμα θα πρέπει να είναι η αναγνώρισή τους μιλώντας φωναχτά. αναγνωρίζοντάς τους δυνατά, η δύναμή τους πάνω σας μπορεί σιγά-σιγά να μειωθεί. Κάντε αυτές τις ερωτήσεις στον εαυτό σας:

* Ποιες είναι οι πιθανότητες να συμβεί αυτό που φοβάσai;

Και γιατί αγχώνεσαι ότι μπορεί;

Αντιμετωπίζοντάς τους κατά μέτωπο, μπορείτε να ανακαλύψετε ποιοι φόβοι είναι πραγματικοί και ποιοι φανταστικοί. Οι φόβοι σας θα υποδείξουν επίσης πού μπορεί να υπάρχουν κενά που πρέπει να καλυφθούν πριν φτάσετε στον προορισμό σας και πρέπει να τεθούν σε εφαρμογή στρατηγικές διαχείρισης κινδύνου. Όταν αυτοί οι φόβοι αντιμετωπιστούν άμεσα, γίνεται πολύ πιο απλό να αξιολογήσετε τι οδηγεί και να σταματήσετε την πρόοδο γρηγορότερα - γνώση που θα σας επιτρέψει να επιτύχετε τους επιθυμητούς στόχους σας πιο γρήγορα.

Η συνομιλία είναι ένας αποτελεσματικός και αβίαστος τρόπος οικοδόμησης συνδέσεων, ανταλλαγής σκέψεων και ανάπτυξης αμοιβαίας κατανόησης μεταξύ των ανθρώπων. Αυτές οι αλληλεπιδράσεις θα πρέπει να είναι ευχάριστες και να παρέχουν πληροφορίες για τις προσωπικότητες και τις προτιμήσεις των ατόμων. μέσω αυτών αναπτύσσουμε ενσυναίσθηση, νιώθουμε κατανοητοί και ακούμε ο ένας τον άλλον – δημιουργώντας αξέχαστες εμπειρίες και διαρκή ανάπτυξη σε όλη τη ζωή μας.

Ωστόσο, για να αποκομίσετε αυτά τα οφέλη της «συνομιλίας», πρέπει να φτάσετε σε ένα σημείο στο οποίο οι άνθρωποι επιθυμούν να συνομιλήσουν μαζί σας - αυτό σημαίνει να κρατάτε αβίαστα την προσοχή, να ελέγχετε το δωμάτιο και να λάμπετε σε κοινωνικές ή επαγγελματικές καταστάσεις.

Είναι εγγενείς αυτές οι ικανότητες ή μπορούν να αναπτυχθούν μέσω ειδικής εκπαίδευσης και πρακτικής;

Εδώ είναι οι εσωτερικές πληροφορίες -- μπορείτε να καλλιεργήσετε αυτές τις ικανότητες τοποθετώντας τον εαυτό σας ως ένα ενδιαφέρον, καλλιεργημένο και γνώστες.

Κάθε άνθρωπος λαχταρά να είναι ενδιαφέρον. αυτή είναι μια αδιαμφισβήτητη αλήθεια. Ακόμη και κάποιος που νιώθει άβολα να βρίσκεται στο προσκήνιο θα εξακολουθεί να θέλει να φαίνεται ενδιαφέρον και να αποφύγει να χαρακτηριστεί βαρετός! Το να είσαι ενδιαφέρον οδηγεί σε επιρροή και ευκαιρίες. Καταλαβαίνοντας τι κάνει ένα ενδιαφέρον άτομο, θα μπορούσατε να γίνετε κι εσείς και να αποκτήσετε επιρροή στον κύκλο επιρροής σας.

Πώς μπορείς να το κάνεις αυτό;

Ξεκινήστε με το να είστε περιεκτικοί. Μην προσπαθείτε να είστε «ψύχραιμοι» με το να απορρίπτετε τους άλλους - αυτό μόνο θα υπονομεύσει περαιτέρω την αξιοπιστία σας. Υποστηρίξτε τους ανθρώπους αντί να τους υποτιμάτε: αυτό κάνει καλύτερη εντύπωση!

Αν δείτε κάποιον σε ένα πάρτι ή μπαρ να κρατά το ποτό του ενώ ψάχνει για κάποιον να μιλήσει, μην τον αγνοήσετε. κάντε μια προσπάθεια να ξεκινήσετε μια συνομιλία για να τους κάνετε να νιώσουν ότι τους βλέπουν και τους συμπεριλαμβάνονται. Ίσως αναφέρετε κάτι για αυτούς που μάθατε κατά τη διάρκεια μιας από τις προηγούμενες συνομιλίες σας. Αυτό θα τους δείξει ότι ακούτε και όταν μιλάτε με αυτό το άτομο. Καθιερώστε τον εαυτό σας ως καλό ακροατή, ώστε να σας εκλάβει ως ενδιαφέρων.

Ενώ το να είσαι το κέντρο της προσοχής είναι ωραίο, το να είσαι ταπεινός είναι επίσης απαραίτητο. Μελέτες δείχνουν ότι οι άνθρωποι απολαμβάνουν να περνούν χρόνο με αυτούς που εκδηλώνουν ταπεινότητα. Επειδή αυτός ο όρος μπορεί να ποικίλλει σημαντικά ανάλογα με το πλαίσιο, ας χρησιμοποιήσουμε ως ορισμό: ο σεβασμός των απόψεων και των προοπτικών των άλλων ως ταπεινός - αυτό θα δείξει σε κάποιον ότι έχει σημασία!

Προσέξτε να μην συγχέετε την ταπεινοφροσύνη με την έλλειψη αυτοσεβασμού ή αυτοπεποίθησης. Το να είσαι ταπεινός δεν απαιτεί συμπεριφορά υποτίμησης που κάνει κάποιον άλλον να νιώθει ξεχωριστός. Να είστε ταπεινοί αναγνωρίζοντας τις ικανότητές σας και τι μπορούν ή δεν μπορούν να κάνουν. ακόμα και κάτι τόσο απλό όπως να πεις: "Δεν ξέρω ακόμα την απάντηση, αλλά θα ερευνήσω και θα επικοινωνήσω μαζί σας", ή να παραδεχτώ "Δεν είμαι εξοικειωμένος με αυτό το θέμα, μπορείτε να μου πείτε περισσότερα;" μπορεί να δείξει ταπεινοφροσύνη.

Αποφύγετε να τρομοκρατηθείτε δείχνοντας ότι έχετε ανοιχτό μυαλό για αρχάριους! Μια άλλη αποτελεσματική στρατηγική για την προώθηση των συνομιλιών είναι η γνήσια γενναιοδωρία, καθώς αυτό προκαλεί μια ψυχολογική απάντηση αμοιβαιότητας από τους άλλους. Δεν εννοούμε υλιστικές χειρονομίες όπως η αγορά δώρων ή φαγητού. απλά κάντε ανοιχτές συζητήσεις, κάντε κομπλιμέντα ελεύθερα ή ρωτήστε κάποιον πώς νιώθει χωρίς να ρωτήσετε απλώς για τυπικότητα!

Με το να είστε γενναιόδωροι με το χρόνο και την προσοχή σας, θα ανακαλύψετε ότι οι άλλοι ενδιαφέρονται περισσότερο για εσάς. Θα εκτιμήσουν το γεγονός ότι δεν είστε εκεί απλώς για να κερδίσετε υλικά οφέλη από την παρουσία τους.

Να είστε γενναιόδωροι λέγοντας «ναι». Εάν διαθέτετε συγκεκριμένη τεχνογνωσία ή γνώσεις σχετικά με μια περιοχή ανησυχίας για τους άλλους, χρησιμοποιήστε τα ελεύθερα χωρίς να σκεφτείτε τι θα επιστρέψει σε αντάλλαγμα.

Το να είστε ενδιαφέροντες και εξυπηρετικοί θα σας επιτρέψει να κερδίσετε την εύνοια μεταξύ άλλων και να δημιουργήσετε ισόβιες σχέσεις. Ακολουθώντας τις πρακτικές συνομιλίας που αναφέρονται εδώ, θα γίνει εύκολο να γίνετε το θέμα του ενδιαφέροντος της συζήτησης.

Έχετε βιώσει μεγάλες παύσεις και άβολα βλέμματα, που έκαναν τη συνομιλία άβολη

Όλοι κάποια στιγμή θα βιώσουν μεγάλες παύσεις και αμήχανα βλέμματα κατά τη διάρκεια των συνομιλιών που μας κάνουν να νιώθουμε άβολα, όταν συνειδητοποιούμε τη σημασία της διατήρησης του διαλόγου. γνωστό και ως κρατώντας τους ανθρώπους να επενδύουν στις συζητήσεις τους.

Δείτε πώς μπορείτε να το κάνετε αυτό - Βρείτε ένα κοινό ενδιαφέρον. Οι άνθρωποι διαφέρουν πολύ όσον αφορά τα ενδιαφέροντα και τις προτεραιότητες. Το να βρείτε κάτι κοινό βοηθά στη δημιουργία γεφυρών μεταξύ σας. Μόλις βρείτε κάτι παρόμοιο μεταξύ δύο ατόμων, σημειώστε όλα όσα βρίσκετε ενδιαφέροντα σχετικά με αυτό (ως αρχή ουζήτησης). Ανατρέξτε στη λίστα πολλές φορές, ώστε να μένει στη μνήμη σας εύκολα όταν προκύπτουν σημεία συνομιλίας σε αυτήν την περιοχή - και μετά ανατρέξτε σε αυτήν όταν είναι απαραίτητο! Επιπλέον, γράψτε τους αρχάριους συνομιλιών σχετικά με θέματα που σχετίζονται με τους δύο σας, έτσι ώστε η συζήτηση να μην τελειώσει ποτέ!

Τα ενδιαφέροντα θέματα περιλαμβάνουν το ποδόσφαιρο, το πιο πρόσφατο gadget που εισήχθη στην αγορά, την παρακολούθηση μιας ταινίας ή την ανάγνωση ενός βιβλίου που σας άρεσε ή ακούγοντας σχόλια του Ντόναλντ Τραμπ που σας έκαναν να γελάσετε δυνατά.

Μην ντρέπεστε να θέσετε ερωτήσεις ανοιχτού τύπου όταν βρίσκεστε σε αδιέξοδο - μια ανοιχτή έρευνα απαιτεί κάτι περισσότερο από μια απάντηση "ναι/όχι" και είναι βέβαιο ότι θα πυροδοτήσει συζήτηση μεταξύ των εμπλεκομένων μερών.

Παραδείγματα θεμάτων μπορεί να περιλαμβάνουν: Μια συναυλία: Οι σκέψεις μου
Ποια σκηνή ταινίας σας άρεσε περισσότερο και η έξοδος μόνος ή παρέες;

Αυτές οι ερωτήσεις ενθαρρύνουν τους ανθρώπους να ανοιχτούν περισσότερο για τον εαυτό τους. Εξαλείφοντας τις αμήχανες σιωπές μεταξύ των συνομιλιών, αυτού του είδους οι ερωτήσεις κρατούν τον διάλογο να ρέει πιο αβίαστα ανάμεσα σε εσάς και ένα άλλο άτομο.

Κάνοντας τέτοιου είδους ερωτήσεις, δείχνετε σε κάποιον ότι νοιάζεστε για τις απόψεις και τα συναισθήματά του - αυτό χτίζει σχέσεις διατηρώντας τον διάλογο μεταξύ σας και του ίδιου. Θα εκτιμήσουν αυτή την προσπάθεια που κάνετε για να το διατηρήσετε!

Δημιουργήστε συναισθηματικούς δεσμούς

Οι συνομιλίες δεν πρέπει να θεωρούνται απλώς ως λέξεις: χρησιμεύουν για τη δημιουργία συναισθηματικών συνδέσεων μεταξύ των ανθρώπων. Ενώ θα μπορούσατε να πραγματοποιήσετε έναν ολόκληρο διάλογο χωρίς να μοιράζεστε σημαντικές πληροφορίες, αυτό βοηθά στη δημιουργία ουσιαστικών δεσμών και δίνει μια εσωτερική ματιά στην προσωπικότητα του άλλου.

Ακριτοθυμία! Όταν τίποτα άλλο δεν λειτουργεί, μη διστάσετε να μιλήσετε! Η συζήτηση μπορεί συχνά να γίνει προκλητική επειδή φοβόμαστε ότι τα λόγια μας μπορεί να είναι βαρετά για τους άλλους. Επομένως, οι σκέψεις και τα λόγια μας παραμένουν κρυμμένα μέχρις ότου οι φόβοι μας να κριθούμε εκδηλωθούν σε λόγια ή πράξεις. Αλλά πολλές φορές αυτός ο φόβος δεν πηγάζει από τίποτα περισσότερο από τη φαντασία!

Την επόμενη φορά που θα βρεθείτε σε μια τέτοια συνάντηση, πείτε ελεύθερα τη γνώμη σας (εφόσον δεν περιέχει ρατσιστικό ή σεξουαλικά προσβλητικό υλικό). Ίσως εκπλαγείτε όταν ανακαλύψετε ότι οι άνθρωποι δεν είναι τόσο στενόμυαλοι όσο φανταζόσασταν!

Οι προσπάθειές σας να συνεχίσετε μια συνομιλία θα πετύχουν μόνο εάν και οι δύο συμμετέχοντες επενδύσουν σε αυτήν και είναι πρόθυμοι να συμμετάσχουν πλήρως. Εάν δείχνουν σημάδια αδιαφορίας ή αρνούνται να συνεισφέρουν καθόλου, πάρτε το ως ένδειξη ότι πρέπει να τελειώσει αμέσως.

Ανεξάρτητα από τα ενδιαφέροντα ή τους στόχους σας Είναι αναμφισβήτητο ότι οι προσωπικές σχέσεις είναι το κλειδί για την προσωπική και επαγγελματική επιτυχία, ανεξάρτητα από τα ενδιαφέροντα, τους προσωπικούς στόχους ή το επάγγελμά του. Ωστόσο, μπορεί να έχετε παρατηρήσει ότι ορισμένα άτομα φαίνονται ικανά να συνδέονται εύκολα με όλα όσα συναντούν, ενώ άλλα αγωνίζονται ακόμη και να κάνουν υγιείς συζητήσεις, πόσο μάλλον να αναπτύξουν ουσιαστικές σχέσεις μαζί τους.

Δείτε πώς μπορείτε να προσεγγίσετε και να τραβήξετε την προσοχή των όμορφων κοριτσιών σε ένα μπαρ, του επικεφαλής του τμήματος σε μια ετήσια εκδήλωση ή του διπλανού σας γείτονα υπογράφοντας μια αίτηση για να γίνει η γειτονιά ασφαλής.

Πώς μπορείτε λοιπόν να αναπτύξετε αυτή την ικανότητα;

Πρώτα και κύρια, να θυμάστε ότι οι άνθρωποι ανταποκρίνονται καλύτερα στους γνήσιους ανθρώπους. Η δημιουργία και η διατήρηση συνδέσεων ξεκινά με γνήσιες προθέσεις. οποιαδήποτε προσπάθεια για επιφανειακές αλληλεπιδράσεις θα διαρκέσει μόνο τόσο πολύ. Το να μιλάς με ανθρώπους μόνο για προσφορές ή δωρεάν εισιτήρια δεν θα το κόψει - αν ενδιαφέρεσαι πραγματικά για τους ανθρώπους, μπορούν να γίνουν γνήσιοι φίλοι με την πάροδο του χρόνου.

Δεύτερον, δείξτε την προθυμία σας να δώσετε χρόνο και προσοχή σε κάποιον που προσπαθείτε να συνδέσετε. Μερικές φορές, λόγω περιορισμένων πόρων, μπορεί να μην είμαστε σε θέση να πλημμυρίσουμε τους ανθρώπους με δώρα ή υλιστικές εκδηλώσεις στοργής. Το να δίνεις σε κάποιον πραγματικό χρόνο να μάθει για τις προτιμήσεις και τις προτιμήσεις του είναι εξίσου επιδραστική χειρονομία για να δείξει ότι έχει σημασία.

Εάν δυσκολεύεστε να μάθετε περισσότερα για αυτούς μέσω ανεξάρτητης έρευνας, η σύνδεση με άτομα που γνωρίζουν θα μπορούσε να βοηθήσει πάρα πολύ. Οι άνθρωποι τείνουν να μιμούνται τις συνήθειες και τα χόμπι μας, επομένως, γνωρίζοντας τους ανθρώπους που τους αρέσουν πιο στενά, μπορείτε να αποκτήσετε κάποιες γνώσεις και για αυτούς.

Η δημιουργία συνδέσεων μπορεί επίσης να είναι ανεκτίμητη σε επαγγελματικές ρυθμίσεις. Πολλές κενές θέσεις εργασίας καλύπτονται μέσω παραπομπών και δικτύωσης. Έτσι, δημιουργώντας σχέσεις, ανοίγετε τον εαυτό σας σε ατελείωτες ευκαιρίες.

Όταν κάποιος σας προτείνει για μια δουλειά, η σύστασή του μπορεί να εγγυηθεί την αξιοπιστία σας, διευκολύνοντας την εξασφάλιση αυτής της θέσης. Μην υποτιμάτε τη δημιουργία σχέσεων με συναδέλφους απλώς και μόνο επειδή περνάτε περιορισμένο χρόνο μαζί. περισσότερα άτομα στον κοινωνικό σας κύκλο σημαίνει περισσότερες ευκαιρίες στη ζωή!

Μόλις δημιουργήσετε μια σύνδεση, το επόμενο βήμα θα πρέπει να είναι να την ενισχύσετε και να την διατηρήσετε ισχυρή. Δυστυχώς, όταν κάποιος είναι εκτός οπτικού πεδίου, πολλές φορές πέφτει από τις αναμνήσεις των ανθρώπων. Για να βεβαιωθείτε ότι θα μείνετε αξέχαστοι, ο ευκολότερος τρόπος είναι με μικρές χειρονομίες, όπως αποστολή χριστουγεννιάτικων καρτών, μηνυμάτων γενεθλίων μέσω γραπτών μηνυμάτων ή του αγαπημένου τους βιβλίου με μια προσωπική σημείωση - ίσως εκπλαγείτε πόσο ευχαριστημένοι θα είναι οι άνθρωποι από αυτές τις υπενθυμίσεις που δείχνουν ότι έχουν σημασία! Όλοι λαχταρούμε να μας θυμούνται. δείξτε σε κάποιον που έχει σημασία δείχνοντας ότι η σχέση σας τον εκτιμά! Θα μπορούσατε απλώς να δημιουργήσετε δια βίου συνδέσεις!

Το μόνο που χρειάζεται για να κερδίσεις τους ανθρώπους είναι να δείξεις ότι τους κατανοείς και τους εκτιμάς. τότε θα κερδίσεις την πίστη τους.

Η ψηφιακή εποχή μας έχει καταστήσει ευκολότερο από ποτέ να αυτοματοποιούμε εργασίες και να χρησιμοποιούμε μηχανές για τη διαχείριση του φόρτου εργασίας μας, ωστόσο όσο περισσότερη τεχνολογία βασιζόμαστε, τόσο πιο μακριά από το να βιώσουμε τα συναισθήματα που σχετίζονται με την ολοκλήρωση μιας εργασίας ή να ξεπεράσουμε τις δυσκολίες για να ολοκληρώσουμε την εργασία μας γίνεται αισθητή.

Εδώ παίζει ρόλο η συναισθηματική νοημοσύνη. αναφέρεται στην ικανότητά σας να αναγνωρίζετε τόσο τα δικά σας συναισθήματα όσο και τους γύρω σας, συμπεριλαμβανομένου του τρόπου με τον οποίο αυτά επηρεάζουν τους άλλους και επηρεάζουν τις σκέψεις και τη συμπεριφορά τους. Κατανοώντας βαθύτερα τα ανθρώπινα συναισθήματα, οι συναισθηματικά έξυπνοι άνθρωποι βρίσκουν ευκολότερο να συνδεθούν με άλλους ανθρώπους, ενώ είναι πιο συμπονετικοί και κατανοητοί με αυτούς που συναντούν. αυτή η ιδιότητα συμβάλλει πολύ στην επαγγελματική και προσωπική τους επιτυχία.

Οι άνθρωποι συχνά μπερδεύονται μεταξύ της συναισθηματικής νοημοσύνης και του δείκτη νοημοσύνης (IQ), δεδομένου ότι και οι δύο αντιπροσωπεύουν διαφορετικές μορφές νοημοσύνης. Η κύρια διάκριση έγκειται στον τρόπο μέτρησης και αναπαράστασης του καθενός.

Το IQ μετρά τη νοητική νοημοσύνη μέσω τυποποιημένων τεστ και συνδέεται άμεσα με τις νοητικές ικανότητες. για παράδειγμα, να είναι σε θέση να κατανοήσει πληροφορίες και να τις εφαρμόσει στην επίλυση προβλημάτων. Τα άτομα με υψηλότερο IQ είναι ικανά να κάνουν γρήγορες νοητικές συνδέσεις και να τροφοδοτούν γρήγορα αφηρημένες ιδέες. Η συναισθηματική νοημοσύνη αναφέρεται στο πώς κάποιος χρησιμοποιεί τα συναισθήματα για να κατανοήσει τις καταστάσεις. Όσοι βρίσκονται στο υψηλότερο άκρο αυτής της κλίμακας τείνουν να είναι συναισθηματικά σταθερά άτομα ικανά να διαχειρίζονται καλά τα συναισθήματά τους ενώ αντιμετωπίζουν αποτελεσματικά αυτούς που περνούν δύσκολες φάσεις.

Μια άλλη διαφορά μεταξύ αυτών των δύο μορφών νοημοσύνης είναι ότι το IQ είναι κάτι που κληρονομείτε κατά τη γέννηση, ενώ η συναισθηματική νοημοσύνη αναπτύσσεται από εμπειρίες κατά την ανατροφή και το περιβάλλον σας. Μπορείτε να εργαστείτε για να γίνετε συναισθηματικά έξυπνοι ως ενήλικες καλλιεργώντας δεξιότητες δυνατών ανθρώπων.

Δείτε πώς μπορείτε να το πετύχετε:

* Να προσέχετε τις αντιδράσεις σας. Μην βιάζεστε να κρίνετε προτού κατανοήσετε πλήρως όλες τις πτυχές μιας κατάστασης, αντίθετα προσπαθήστε να δείτε τα πράγματα από τη σκοπιά των άλλων και διατηρήστε ανοιχτό μυαλό χωρίς να υποκύψετε σε στερεότυπα ή προκαταλήψεις. Αποδεχόμενοι τις απόψεις των άλλων και αποδεχόμενοι τις απόψεις τους, χτίζετε την εμπιστοσύνη τους.

* Αξιολογήστε τον εαυτό σας. Γνωρίζετε τις αδυναμίες σας; Μπορείς να αποδεχτείς ότι χρειάζεται να δουλέψεις σε κάποιους τομείς του εαυτού σου για να γίνεις καλύτερος άνθρωπος; Ρίξτε μια ειλικρινή και στοχαστική ματιά στον εαυτό σας και να είστε αρκετά

γενναίοι για να αλλάξετε εκείνα τα μέρη που εμποδίζουν την ανάπτυξη - θα μπορούσε να αλλάξει τη ζωή σας! * Ρίξτε μια ειλικρινή και στοχαστική ματιά στον εαυτό σας! Το να είσαι ειλικρινής μπορεί να αλλάξει τη ζωή!

* Αξιολογήστε πώς αντιδράτε σε αγχωτικές καταστάσεις. Πώς αντιμετωπίζετε τις απογοητεύσεις όταν τα πράγματα δεν πάνε όπως αναμενόταν, για παράδειγμα όταν τα πράγματα δεν πάνε καλά; Αντιθέτως, επικρίνετε ή κατηγορείτε τους άλλους; Το να μπορείς να διαχειρίζεσαι ήρεμα τις απογοητεύσεις είναι εξαιρετικά πολύτιμο τόσο σε επαγγελματικό όσο και σε προσωπικό περιβάλλον - εμποδίζει τις συναισθηματικές εκρήξεις να οδηγήσουν σε βιαστικές αποφάσεις ή ενέργειες για τις οποίες μπορεί να μετανιώσεις αργότερα.

* Μην αναζητάτε την επικύρωση των επιτευγμάτων σας. Η ταπεινοφροσύνη μπορεί να είναι ένα ανεκτίμητο πλεονέκτημα συναισθηματικής εργαλειοθήκης. Η εξάσκησή του δείχνει στους άλλους ότι αναγνωρίζετε τις δυνάμεις και τα επιτεύγματά σας χωρίς να χρειάζεται να τα καμαρώνετε στους άλλους. Αντίθετα, εστιάστε στα επιτεύγματα των άλλων ως τρόπο να εμπνεύσετε τον εαυτό σας! Μπορεί απλώς να δεις ότι τα επιτεύγματά τους σκοτώνονται πάνω σου.

* Αναλάβετε την ευθύνη των πράξεών σας. Εάν προκαλέσετε προσβολή σε άλλον, ζητήστε συγγνώμη ή προσπαθήστε να επιλύσετε την κατάσταση αμέσως εάν χρειαστεί. Μην αγνοήσετε τα συναισθήματά τους και μην τους παρασύρετε ώστε να πιστέψουν ότι δεν έπρεπε να έχουν πληγωθεί με κανέναν τρόπο. επιδεικνύοντας μια προσπάθεια να διορθώσετε τα πράγματα με ειλικρίνεια και να διορθώσετε, δείχνετε σε αυτό το άτομο ότι το εκτιμάτε από εσάς και ότι θα γίνει ό,τι είναι δυνατό για να διατηρήσετε τις σχέσεις μεταξύ σας.

* Να προσέχετε τα αποτελέσματα των πράξεών σας. Πριν προβείτε σε οποιαδήποτε ενέργεια, λάβετε πάντα υπόψη σας πώς θα επηρεάσει όσους εμπλέκονται στην κατάσταση και τις αντιδράσεις τους σε αυτό που προτείνετε να κάνετε. Θα τους βλάψει ή θα επιδεινώσει περαιτέρω την κατάσταση για αυτούς; Εάν συμβαίνει αυτό, αποφύγετε να το προχωρήσετε εντελώς. αλλά εάν αυτό δεν μπορεί να αποφευχθεί για κάποιο λόγο, φροντίστε να συζητήσετε πρώτα αυτήν την απόφαση μαζί τους και προσπαθήστε να βρείτε τρόπους για να ελαχιστοποιήσετε τις δυσμενείς συνέπειές της.

Η συναισθηματική νοημοσύνη είναι το κλειδί για την ανάγνωση και την κατανόηση των ανθρώπων. Σας επιτρέπει να δημιουργήσετε ισχυρούς δεσμούς με άτομα, κάτι που τελικά οδηγεί στην επιτυχία σε όλους τους τομείς της ζωής σας.

Κεφάλαιο 18: Δημιουργία του ιδανικού περιβάλλοντος για τον σύντροφό σας

Όταν ο σύντροφός σας επιστρέφει σπίτι μετά από μια δύσκολη μέρα στη δουλειά, σκέφτεται μόνος του: "Επιτέλους! Μπορώ να χαλαρώσω τώρα!" ή μήπως σκέφτονται αντ' αυτού: "Εδώ ξανά έρχεται!" Εάν θέλετε έναν επιτυχημένο γάμο ή σχέση, θα θέλατε ιδανικά να σκεφτούν την προηγούμενη φράση - παρόλο που το να επιστρέφουν σπίτι σε ένα άψογο σπίτι μπορεί να είναι ωραίο, αυτό που έχει μεγαλύτερη σημασία είναι να αισθάνονται άνετα σε ένα περιβάλλον στο οποίο απολαμβάνουν να μένουν και νιώθετε ευπρόσδεκτοι και ευπρόσδεκτοι από εσάς όσο και ο ίδιος ο παράγοντας καθαριότητα.

Τι πρέπει να κάνετε όταν είχατε μια δύσκολη μέρα; Να χαμογελάτε και να προσπαθείτε να είστε ευγενικοί όπως με αγνώστους σε μια συνάντηση ή να πετάξετε όλα τα συναισθηματικά σας υπολείμματα πάνω τους; Παράξενο πώς οι πιο κοντινοί μας άνθρωποι βλέπουν συχνά τη χειρότερη πλευρά μας. Μπορεί κανείς να υποστηρίξει ότι χωρίς να είμαστε «αληθινοί» μεταξύ μας στα σπίτια και τις σχέσεις μας, σε ποιον άλλον θα ανοιγόμασταν; Μπορείς όμως να διαχειριστείς όλο τον συχνό καπνό και φασαρία από αυτά;

Επομένως, είναι σημαντικό να μην δημιουργήσετε ένα περιβάλλον που δεν θα μπορείτε να ζήσετε μέσα στον εαυτό σας. Σίγουρα, όλοι έχουν στιγμές όπου το άγχος, ο θυμός ή το στρες παίρνουν τον έλεγχο. Ωστόσο, κάντε μια προσπάθεια να περιορίσετε αυτά τα περιστατικά, ώστε ο σύντροφός σας να μην επιστρέψει στην αρνητικότητα. Εάν αυτά τα συναισθήματα σας φαίνονται δύσκολο να τα διαχειριστείτε μόνοι σας, μιλήστε με φίλους ή θεραπευτές για υποστήριξη. μόνο όταν η ψυχική σας υγεία είναι σταθερή, μπορείτε να δημιουργήσετε μια βέλτιστη ατμόσφαιρα και για τους δύο σας.

Η προσέλκυση του συντρόφου σας απαιτεί να κρατάτε την τεχνολογία έξω από την εξίσωση όταν μιλάτε μαζί του. δώστε την πλήρη προσοχή σας χωρίς να κάνετε κύλιση στη ροή σας στο Twitter ταυτόχρονα. ακούστε πώς πήγε η μέρα τους και αναφέρετε τι κάνατε κατά τη διάρκεια της. Εάν το σπίτι σας είναι αρκετά μεγάλο, κρατήστε τους φορητούς υπολογιστές ή τους υπολογιστές μακριά από το οπτικό σας πεδίο, ώστε να μειώσετε τον πειρασμό να κάνετε check in πολύ συχνά. Η αποσυμφόρηση θα επιτρέψει συχνές επανασυνδέσεις αντί για μία μόνο βραδιά ραντεβού κάθε εβδομάδα.

Επιπλέον, οι εξωτερικές επιρροές μπορούν να βοηθήσουν στη δημιουργία μιας ιδανικής ατμόσφαιρας. Για παράδειγμα, βεβαιωθείτε ότι τόσο εσείς όσο και το σπίτι σας μυρίζετε όμορφα όταν φτάσει ο σύντροφός σας - αυτό θα τους ανανεώσει αμέσως διανοητικά ενώ θα τους κάνει να νιώσουν πιο κοντά. Ανάψτε αρωματικά κεριά και παίξτε ελαφριά μουσική για να δημιουργήσετε μια ρομαντική, ζεστή ατμόσφαιρα. ο σύντροφός σας είναι σίγουρο ότι θα θέλει να μείνει μαζί σας περισσότερο!

Το σπίτι σας πρέπει να είναι μια όαση άνεσης και γαλήνης - εάν μπορείτε να βοηθήσετε να χτίσετε ένα μαζί με τον σύντροφό σας, αυτό θα βοηθήσει πολύ στην επίτευξη μιας επιτυχημένης συνεργασίας.

Αναγνωρίζοντας τις Ζώνες Άνεσης τους και Φιλοξενώντας τους

Η σχέση σας περιλαμβάνει αθλητικά παντελόνια, κλανάκια στο κρεβάτι και τον σύντροφό σας να φωνάζει «Μωρό μου, αυτό το σπυράκι μπορεί να καταλάβει ολόκληρο το πρόσωπό σου!»; Αν αυτό περιγράφει τη δυναμική ανάμεσα σε εσάς και τον σύντροφό σας, τότε έχετε δημιουργήσει με επιτυχία μια απολαυστική σύνδεση που έχει κατασκευαστεί για να διαρκεί.

Κάποια στιγμή στη σχέση σας, μπορεί να αντιμετωπίσετε καταστάσεις στις οποίες μια δραστηριότητα ή κοινωνική κατάσταση στην οποία θέλατε να εμπλακείτε ήταν πέρα από τη ζώνη άνεσης του συντρόφου σας. Για να διατηρήσετε την ειρήνη στη σχέση και να αποφύγετε τις διαφωνίες, είναι σημαντικό και οι δύο σύντροφοι να καταλάβουν πού τελειώνουν τα επίπεδα άνεσης τους και πόσο μακριά μπορείτε να τους ωθήσετε να απομακρυνθούν από αυτά.

Εάν είστε εξωστρεφής και ο σύντροφός σας είναι εσωστρεφής, μπορεί να μην του αρέσει να παρακολουθεί τόσα πάρτι και υπαίθριες δραστηριότητες όπως εσείς. Ως εκ τούτου, η εύρεση ενός αποδεκτού συμβιβασμού όπου κανένας από τους εταίρους δεν αισθάνεται περιορισμένος από την υπερβολική παραμονή σε εσωτερικούς χώρους. και όπου κανένας από τους δύο δεν αισθάνεται υπερβολικά εκτεθειμένος λόγω συνεχών κοινωνικών αλληλεπιδράσεων είναι το κλειδί για την εύρεση της ευτυχίας μαζί.

Για να ικανοποιήσετε τις προτιμήσεις τους, ξεκινήστε καταλαβαίνοντας τις διαθέσεις τους - όπως όταν θέλουν να βγουν έξω και όταν θέλουν να περάσουν περισσότερο χρόνο στο σπίτι με το Netflix και τα βιβλία. Προσπαθήστε επίσης να μην βγαίνετε συνεχόμενες ημέρες και αφήστε τα ενεργειακά τους αποθέματα να επαναφορτιστούν πριν βγουν ξανά έξω. Αυτές οι μικρές προσαρμογές στη στάση σας θα τους δείξουν ότι νοιάζεστε για τις προτιμήσεις τους ενώ θα τους ενθαρρύνετε να ξεπεράσουν τις ζώνες άνεσής τους για να φιλοξενήσουν και εσάς!

Μελέτες έχουν δείξει ότι όταν τα ζευγάρια αισθάνονται άνετα στις συντροφικές τους σχέσεις, οι πιθανότητες να διαρκέσουν περισσότερο αυξάνονται σημαντικά. Αντίθετα, η επίτευξη ενός επιπέδου άνεσης σημαίνει λιγότερο ενθουσιασμό ή νέες εμπειρίες για εξερεύνηση και κινδυνεύει να μείνει μπαγιάτικο με την πάροδο του χρόνου. Λοιπόν, πώς μπορείτε να εξισορροπήσετε τα επίπεδα άνεσης και των δύο συντρόφων σας, ενώ διατηρείτε τον ρομαντισμό ζωντανό;

Προσπαθήστε να κάνετε έκπληξη ο ένας τον άλλον περιστασιακά - όχι με κάτι τόσο μεγάλο όπως να αγοράσετε ένα νέο αυτοκίνητο χωρίς να συμβουλευτείτε πρώτα τον σύντροφό σας - αντ 'αυτού, εστιάστε σε μικρότερες, ουσιαστικές χειρονομίες, όπως να προσφέρουν το αγαπημένο τους γεύμα όταν επιστρέφουν από τη δουλειά, να φοράνε τα πιο σέξι εσώρουχά σας στο κρεβάτι ή σχεδιάζετε ραντεβού-έκπληξη για να δείξετε την αγάπη σας πόσο σκεπτικός είστε. Αυτές οι μικρές εκπλήξεις θα προσθέσουν το στοιχείο της έκπληξης χωρίς να ξεφύγετε από τις ζώνες άνεσής τους.

Τα ζευγάρια που γίνονται πολύ άνετα μπορούν εύκολα να πέσουν στη ζώνη απαγόρευσης συζήτησης, περιμένοντας ότι ο σύντροφός τους μπορεί να τα διαβάσει χωρίς να χρειάζεται να πουν τίποτα οι ίδιοι. Η πραγματικότητα όμως πολλές φορές μπορεί να αποδείξει το αντίθετο!

Η κατανόηση του εαυτού σας μπορεί να έρθει εύκολα στους άλλους με βάση πρότυπα και προβλέψιμες συμπεριφορές, αλλά μερικές φορές απλά δεν μπορούν να ανταποκριθούν στις προσδοκίες σας. Όταν συμβεί αυτό, η επικοινωνία και η έκφραση των συναισθημάτων σας αποκτούν πρωταρχική σημασία. Μην καταπιέζετε τα συναισθήματα όταν προκύπτουν. αντ' αυτού, εκφράστε τα ανοιχτά! Εάν κάτι σας έχει πληγώσει βαθιά ή συναισθηματικά, εάν χρειάζεται κάποιον να καθίσει ή να του κρατήσει το χέρι, απλώς ενημερώστε τον! Η καρδιά με την καρδιά είναι πάντα ο πιο αποτελεσματικός τρόπος σύνδεσης με τους πιο κοντινούς μας ανθρώπους.

Εάν το να εκφράζει τα συναισθήματά του δεν είναι κάτι που νιώθει άνετα ο σύντροφός σας, προσαρμόστε τους μαθαίνοντας τα μη λεκτικά τους στοιχεία και μην πιέζετε πολύ για να εκφραστούν. Με την πάροδο του χρόνου, θα παρατηρήσετε την εκτίμησή τους για εσάς που τους αφήνετε να παραμείνουν στη ζώνη άνεσής τους.

Η ζώνη άνεσης του συντρόφου σας είναι ο χώρος όπου σας επιτρέπει να τον δείτε πραγματικά όπως είναι πραγματικά - τόσο τα δυνατά όσο και τα ελαττώματά τους. Μαθαίνοντας να μένετε μαζί τους σε αυτή τη ζώνη, θα ανακαλύψετε την προσωπικότητά τους πιο εύκολα και θα μάθετε να την ερμηνεύετε εύκολα.

Το να είσαι ευάλωτος

Έχουμε μιλήσει εκτενώς για την ευαλωτότητα σε όλο αυτό το βιβλίο και χρειάζεται να επαναλάβουμε ότι η συναισθηματική έκθεση σάς παρέχει δύναμη να ανοίξετε τον εαυτό σας σε εμπειρίες και αγάπη. Πολλοί φοβούνται να δείξουν την ευαλωτότητά τους γιατί πιστεύουν ότι αυτό τους κάνει να φαίνονται αδύναμοι - αυτό απλά δεν είναι αλήθεια! Να γιατί.

Μοιράζοντας τον αληθινό σας εαυτό με τους πιο κοντινούς σας ανθρώπους, δείχνετε το θάρρος σας στο να σας βλέπουν αυτό που πραγματικά είστε και να σας βλέπουν αυτό που πραγματικά είστε - δημιουργώντας μια αίσθηση του ανήκειν, της αγάπης και της αυθεντικότητας σε σχέσεις που έχουν τη μεγαλύτερη σημασία.

Το να βαδίζεις μπροστά με θάρρος για να είσαι ευάλωτος έχει πολλά συναισθηματικά πλεονεκτήματα. Τοποθετώντας τον εαυτό σας σε καταστάσεις που σας καθιστούν ευάλωτους, όπως το να θέσετε τον εαυτό σας σε καταστάσεις που δοκιμάζουν την ικανότητά σας και δοκιμάζουν πόσο ικανοί είστε να διαχειρίζεστε δύσκολα σενάρια - χτίζοντας αυτοπεποίθηση ενώ ενισχύετε την ανθεκτικότητα απέναντι στα εμπόδια στην πορεία.

Η εμφάνιση ευαλωτότητας με φίλους, συνεργάτες και γονείς μπορεί να ενισχύσει την ενσυναίσθηση. Κάτι τέτοιο τους επιτρέπει να δουν τα μαλακά σημεία σας που έχετε την τάση να κρατάτε κρυφά από τους άλλους - λέγοντάς τους ότι έχουν μεγαλύτερη σημασία από όλους τους άλλους ανοίγοντάς τους αυτή την πλευρά.

Πέρα από τη βελτίωση των σχέσεων με τους άλλους, η ενσυναίσθηση ενισχύει επίσης τη σύνδεσή σας με τον εαυτό σας. Αποδεχόμενοι ανεπιθύμητες ή αδύναμες πτυχές του εαυτού σας και αποδεχόμενοι αυτές ως μέρος αυτού που είστε, η ενσυναίσθηση αυξάνει την αποδοχή του εαυτού σας και έτσι συμβάλλει στη συνολική ευεξία.

Ακολουθούν μερικές προτάσεις που θα σας βοηθήσουν να γίνετε ευάλωτοι: * Να είστε ανοιχτοί στο να ρισκάρετε πιθανότητες που μπορεί να οδηγήσουν σε απόρριψη. Επικοινωνήστε με ειλικρίνεια για το τι θέλετε από τις σχέσεις - ειδικά τις προσδοκίες και τα όριά σας - μαζί με προσωπικά θέματα που συνήθως δεν συζητάτε με κανέναν άλλο, όπως προσωπικά θέματα που προκύπτουν στη συζήτηση και συζητώντας λάθη του παρελθόντος που έγιναν στις σχέσεις.

* Συζητήστε περιστατικά που προκαλούν συναισθήματα φόβου, ντροπής ή θλίψης.

Μέχρι στιγμής έχουμε εξερευνήσει μερικούς μόνο τρόπους με τους οποίους η αποδοχή της ευπάθειας βοηθάει κάποιον να αναπτυχθεί. Ανοίγει πόρτες για αλλαγή ενώ δημιουργεί ευελιξία.

Η αλλαγή μπορεί να είναι αποθαρρυντική για πολλούς, επειδή περιλαμβάνει να εγκαταλείψουν τη ζώνη άνεσής τους και να τολμήσουν σε άγνωστη περιοχή. Επομένως, αυτή η διαδικασία απαιτεί εκτεταμένη δουλειά - το πρώτο βήμα είναι να μάθετε να είστε ευάλωτοι. Φανταστείτε ότι προσπαθείτε να κόψετε μια απροσδιόριστη κακή συνήθεια, όπως το υπερβολικό φαγητό, που έχει επηρεάσει αρνητικά την υγεία, την εμφάνιση και τον προϋπολογισμό σας. Για να το κάνετε αυτό με επιτυχία, ωστόσο, πρέπει πρώτα να προσδιορίσετε τη βασική αιτία του. τι σε ωθεί προς το φαγητό αρχικά; Τρώτε για να ξεφύγετε από συναισθήματα, άγχος ή άγχος ή από βαρεμάρα; Για να ξεπεράσετε τον εθισμό σας στο φαγητό, πρέπει να γίνει μια ειλικρινής ματιά στον εαυτό σας - η αναγνώριση των σκοτεινών συνηθειών σας δεν θα αλλάξει από τη μια μέρα στην άλλη, όπως ακριβώς δεν μπορούν να αλλάξουν τα συναισθήματά τους.

Η αλλαγή απαιτεί ειλικρινή, χωρίς εκτροπές αυτοανάλυση - και η ευπάθεια είναι η πύλη για όλα!

Η ευπάθεια μπορεί να ανοίξει το μυαλό σας σε νέες προοπτικές. Το κλειδί για την υποδοχή διαφορετικών απόψεων και ιδεών έγκειται στην αποδοχή ότι οι εμπειρίες σας δεν καταναλώνουν τα πάντα στη ζωή. Η προσωρινή εγκατάλειψη πεποιθήσεων και αξιών για άλλες απόψεις μπορεί να είναι πρόκληση. Ωστόσο, η ευαλωτότητα σας βοηθά να δείτε ότι υπάρχουν περισσότερα πέρα από τον εαυτό σας, καθώς καταλαβαίνετε ότι υπάρχουν άνθρωποι που ζουν εκτός των επιθυμιών και των αναγκών σας, καθώς και αποδέχονται όλες τις προοπτικές εξίσου για να δημιουργήσετε ουσιαστικές σχέσεις με αυτούς τους ανθρώπους που ζουν εκεί.

Υπάρχει μια πανάρχαια παροιμία: ό,τι βγάζεις στον κόσμο επιστρέφει σε σένα με τη μια ή την άλλη μορφή. Αυτό ισχύει εξίσου καλά όταν πρόκειται για σχέσεις ή συνδέσεις - αυτό που φέρνετε θα αντανακλάται σε εσάς με το είδος του. Για παράδειγμα, η αγάπη, η ενσυναίσθηση, η ανεκτικότητα και η υπομονή θα αποδώσουν οφέλη με τη μορφή ισχυρών και ουσιαστικών συνδέσεων, ενώ το αντίστροφο.

Τώρα που καταλαβαίνετε πώς λειτουργούν οι άνθρωποι, ήρθε η ώρα να χρησιμοποιήσετε όλη αυτή τη γνώση! Σε αυτήν την ενότητα, θα χρησιμοποιήσουμε όλη τη μάθησή σας - η αποκρυπτογράφηση ακόμη και των πιο προσεκτικά κρυμμένων μυστικών μπορεί να είναι δύσκολη. Εδώ, θα διερευνήσουμε τι χαρίζει τους ανθρώπους, εντοπίζοντας γρήγορα ψέματα και ξεπερνώντας τα εμπόδια που συχνά βάζουν οι άνθρωποι στον εαυτό τους.

Οι άνθρωποι που διαβάζουν είναι να δίνουν προσοχή στις μικρές λεπτομέρειες και τις παρατηρήσεις που συχνά ξεφεύγουν απαρατήρητες. Ως έμπειρος αναγνώστης ανθρώπων, δεν μπορείτε να επιτρέψετε ακόμη και μικρές διαφορές, όπως το τίναγμα της μύτης ή οι συσπάσεις των νυχιών να περάσουν απαρατήρητες. Επομένως, αυτή η ενότητα στοχεύει να σας διδάξει πώς να προσδιορίζετε αυτές τις μικρολεπτομέρειες που βοηθούν στην πραγματοποίηση ακριβών αξιολογήσεων.

Έχετε παρατηρήσει ποτέ πώς φαίνεται κάποιος όταν λέει ψέματα; Δυστυχώς, δεν υπάρχει ενιαία απάντηση, καθώς κάθε άτομο εμφανίζει διαφορετικούς δείκτες ψέματος. Η γλώσσα του σώματος, οι εκφράσεις του προσώπου, η επιλογή των λέξεων και οι συνήθειες μπορεί να χαρίσουν αν κάποιος λέει ψέματα. Οι λεκτικές και μη λεκτικές ενδείξεις όπως αυτές μπορούν να βοηθήσουν στον εντοπισμό ψέματος έναντι αλήθειας - αν και μπορεί να μην αναγνωρίζετε τον ίδιο τον όρο βάσης!

Το να βάζεις βασικά άτομα σου δίνει τη δύναμη να αξιολογείς τα άτομα με βάση την αλήθεια τους. Παρέχοντας ένα αντικειμενικό μέτρο έναντι του οποίου μπορεί να συγκριθεί και να κριθεί εάν η συμπεριφορά τους είναι εκτός χαρακτήρα ή απλώς ενδεικτικό ότι ενεργούν κανονικά.

Πώς μπορείτε λοιπόν να προσδιορίσετε βασικές συμπεριφορές; Εδώ είναι τρία εύκολα βήματα που θα σας βοηθήσουν να το κάνετε αυτό!

Βήμα 1: Ξεκινήστε με τη χειραψία.

Όπως λένε, οι πρώτες εντυπώσεις διαρκούν και έχετε μόνο μία ευκαιρία να κάνετε αυτή την αρχική ισχυρή δήλωση για κάποιον. Θεωρήστε επίσης αυτή την ιδανική στιγμή για να αξιολογήσετε τις ενέργειες ενός ατόμου, καθώς οι περισσότεροι είναι στο πιο θετικό τους σημείο κατά τη διάρκεια μιας αρχικής συνάντησης.

Οι πωλητές και οι συνεντεύξεις είναι έμπειροι στη χρήση αυτής της δεξιότητας, δημιουργώντας συχνά μια ευνοϊκή πρώτη εντύπωση με πελάτες ή πιθανές προσλήψεις μετά από μία μόνο χειραψία. Το μυστικό τους; Δίνοντας μεγάλη προσοχή στο βλέμμα, την ποιότητα της φωνής και τη στάση του σώματος όταν χαιρετάτε τους νεοφερμένους με μια χειραψία εισαγωγής.

Ανεξάρτητα από το αν βρίσκεστε σε κοινωνική ή επαγγελματική κατάσταση, η παρακολούθηση των κοινωνικών ενδείξεων των ανθρώπων και η λήψη νοητικών σημειώσεων θα σας επιτρέψουν να τα αξιολογήσετε πιο γρήγορα. Ακόμα κι αν αυτό μπορεί να φαίνεται ενοχλητικό μερικές φορές, να ξέρετε ότι όλα αυτά τα δεδομένα έρχονται υποσυνείδητα στο μυαλό μας ούτως ή άλλως. κάνοντας μια συνειδητή προσπάθεια να θυμηθούμε την παρουσία του μπορούμε γρήγορα να κάνουμε συνδέσεις από άποψη συμπεριφοράς.

Όταν σφίγγετε το χέρι κάποιου, δώστε προσοχή στο πώς κάνουν κουβέντες, λένε αστεία και απαντούν σε προσωπικές ερωτήσεις σε φυσικό περιβάλλον. Αυτές οι πληροφορίες μπορούν να βοηθήσουν στη δημιουργία μιας βασικής γραμμής.

Βήμα 2: Διεγείρετε διαφορετικές αντιδράσεις θέτοντας ερωτήσεις.

Το κλειδί για τη δημιουργία μιας ακριβούς γραμμής βάσης είναι η συγκέντρωση των φυσιολογικών αντιδράσεων ενός ατόμου σε διαφορετικές καταστάσεις - πώς αντιδρούν όταν είναι χαρούμενοι, λυπημένοι ή βαριεστημένοι είναι απλώς παραδείγματα - αν και αυτό μπορεί να είναι δύσκολο σε καθημερινά περιβάλλοντα όπως οι κηδείες - αν και μερικές

φορές κάνουν συγκεκριμένες ερωτήσεις για να μετρήσουν τις αντιδράσεις θα μπορούσε να
παρέχει περισσότερες πληροφορίες για αυτές.

Ο Ντέιβιντ ή η Τζέιν δείχνουν σημάδια δυσφορίας όταν τους λέτε «όχι»; Ο Κέβιν
ανασηκώνει τα φρύδια του όταν μιλάει με τον Τέιλορ;

Οι αντιδράσεις σας σε μη απειλητικές συνθήκες θα αποτελέσουν τη βάση για το πώς
αντιδρά αυτό το άτομο σε πιο επικίνδυνα σενάρια.

Η κίνηση των ματιών μπορεί να χρησιμοποιηθεί ως δείκτης απόκλισης από την κανονική
συμπεριφορά. Σύμφωνα με ερευνητές σε όλο τον κόσμο, όσοι επιδίδονται σε ανέντιμες
δραστηριότητες συνήθως διατηρούν οπτική επαφή όταν μιλούν, αν και το μοτίβο τους
διαφέρει από τις κανονικές συνθήκες - για παράδειγμα, μπορεί να κοιτάζουν προς τα κάτω ή
να κοιτάζουν αλλού ενώ μιλούν. ή επιδεικνύουν συνεχή οπτική επαφή στην αρχή, αλλά μετά
αλλάζουν μετά από ερωτήσεις που προκαλούν ή στρεσογόνοι παράγοντες προκαλούν
ξαφνική αλλαγή. Ομοίως, το να αναβοσβήνει πιο αργά ή πιο γρήγορα από το συνηθισμένο
μπορεί επίσης να σημαίνει ότι συμβαίνει κάτι ύποπτο.

Άλλες πτυχές που πρέπει να προσέχετε κατά τη διεξαγωγή των βασικών γραμμών
περιλαμβάνουν στάσεις σε καθιστή και όρθια στάση, φωνητική ταχύτητα και τόνο, στυλ
γέλιου, νευρικά τικ, χειρονομίες και εκφράσεις ενθουσιασμού και έκπληξης. Αυτό που πολλοί
δεν συνειδητοποιούν είναι ότι το πρόσωπό τους συχνά προδίδει αληθινά συναισθήματα με
μικροεκφράσεις όπως σύντομες ρωγμές χαμόγελου ή ανύψωση φρυδιών που συμβαίνουν
μόνο για χιλιοστά του δευτερολέπτου, αλλά αποκαλύπτουν ακριβώς πώς αισθάνεται
πραγματικά ένα άτομο - σε αντίθεση με τη γλώσσα του σώματος που μπορεί να ελεγχθεί εν
μέρει μέσω της επίγνωσης από αυτό.

Οι επαγγελματίες συμφωνούν ότι τα συναισθήματα που εκδηλώνονται κατά τη διάρκεια
των αφηγήσεων στο πρόσωπο δεν υποδηλώνουν πάντα ενοχή. μερικές φορές απλά δεν
θέλουν να εκφράσουν αυτό που έχουν στο μυαλό τους. Όταν κάποιος εμφανίζει αυτά τα
συμπτώματα, διερευνήστε περαιτέρω κάνοντας συγκεκριμένες ερωτήσεις για το γιατί
αισθάνεται έτσι.

Βήμα 3: Κρατήστε ένα νοητικό αρχείο της βασικής συμπεριφοράς.
Το τελικό κλειδί για την επίλυση αυτού του γρίφου βρίσκεται στο να θυμάστε όλα όσα
παρατηρείτε διανοητικά. Καταγράψτε τη συμπεριφορά τους μαζί με οποιεσδήποτε
πρόσθετες πληροφορίες, όπως τη σύζυγο, το επάγγελμα ή τη διεύθυνση της πόλης, εάν είναι
απαραίτητο - ειδικά εάν η μνήμη σας είναι αδύναμη! Η παροχή αυτής της πρόσθετης
λεπτομέρειας μπορεί να σας βοηθήσει να συνδέσετε κουκκίδες πιο γρήγορα ενώ ανακαλείτε
άλλες λεπτομέρειες πιο εύκολα. απλά μην τα γράφετε όλα, αφήστε τον εγκέφαλό σας να
θυμάται!

Έχετε παρακολουθήσει ποτέ ένα πάρτι όπου, ενώ αφηγηθήκατε μια συναρπαστική ιστορία από τη δουλειά σε μια ομάδα ανθρώπων, το μόνο που ακούστηκε ως απάντηση ήταν: "Ω, ναι! Τέλεια. Σερβίρουν γαρίδες;" και η ενέργειά σας διαλύθηκε γρήγορα καθώς ολοκληρώθηκε γρήγορα η ιστορία σας, χωρίς να νιώθετε ικανοποιημένοι για το πώς είχαν εξελιχθεί τα πράγματα;

Αυτό που συνέβη ήταν ότι κάποιος άκουγε μόνο κατά το ήμισυ και έκανε μια άσχετη ερώτηση που σκότωσε και τον διάλογο και τη διάθεσή σας. Για να διατηρήσετε μια ομαλή ροή μιας συνομιλίας, δώστε προσοχή και θέστε σχετικά ερωτήματα - αυτό θα τους κάνει να μιλήσουν πιο ελεύθερα και τελικά θα σας επιτρέψουν να αποκτήσετε μια βαθύτερη εικόνα για αυτές, βοηθώντας σας να τις διαβάσετε καλύτερα σε αντάλλαγμα. Είναι σαν το ντόμινο!

Η πρόσκληση είναι ένα από τα θεμελιώδη εργαλεία επικοινωνίας. ενημερώνει τους παρευρισκόμενους ότι είναι η σειρά τους να μιλήσουν ενώ παράλληλα προσφέρει προτάσεις για θέματα που θα μπορούσαν να εξερευνήσουν.

Παράδειγμα: Ρωτώντας, "Πώς ήταν το τελευταίο βιβλίο που διαβάσατε;" ανοίγει μια πρόσκληση για συζήτηση σχετικά με το συγκεκριμένο θέμα που αναφέρατε στην ερώτησή σας.

Αυτές οι προσκλήσεις χρησιμεύουν ως ουσιαστικό δίχτυ ασφαλείας όταν η συνομιλία ξεφεύγει. Αν δυσκολεύεστε να βρείτε θέματα για συζήτηση, δοκιμάστε να βάλετε μια πρόσκληση στο μείγμα - ειδικά αν σχετίζεται με κάτι που έχετε συζητήσει στο παρελθόν! Διαφορετικά, δεν θα βλάψει την έναρξη νέων θεμάτων.

Οι προσκλήσεις μπορούν να λάβουν τη μορφή ερωτήσεων ή δηλώσεων. Όταν χρησιμοποιείτε προσκλήσεις που βασίζονται σε ερωτήσεις, φροντίστε να διατηρείτε τη γλώσσα ανοιχτόμυαλη και συγγενή για μέγιστη ανταπόκριση.

Αυτές οι ανοιχτές ερωτήσεις επιτρέπουν στο άτομο που έχετε απέναντί σας να εξηγήσει αναλυτικά αντί να παρέχει σύντομες απαντήσεις. Για παράδειγμα, ρωτώντας, "Είχες ένα καλό ταξίδι;" πιθανότατα θα έχει είτε ναι είτε όχι απαντήσεις. Αντίθετα, ρωτώντας "Πώς ήταν το ταξίδι σας;" ενδέχεται να λάβετε πιο λεπτομερείς απαντήσεις που δείχνουν στο άλλο άτομο που νοιάζεστε και το παρακινούν να μοιραστεί περισσότερες λεπτομέρειες για το ταξίδι του μαζί σας.

Ενδιαφέροντάς σας να γνωρίσετε έναν άλλον, επιδεικνύετε το δικό σας. Αυτό δημιουργεί έναν ενδυναμωτικό δεσμό μεταξύ εσάς και αυτού του ατόμου και τους επιτρέπει να ανοιχτούν περισσότερο.

Παρόμοια με το να κάνετε οξυδερκείς ερωτήσεις, το να τους κάνετε οξυδερκείς ερωτήσεις δείχνει το ενδιαφέρον σας. Ακολουθώντας τον κλασικό κανόνα «δείξε, μην πεις», κάνοντας οξυδερκείς ερωτήσεις δείχνετε στους ανθρώπους ότι νοιάζεστε - αν και να είστε προσεκτικοί με το να είστε μυρωδάτοι!

Στη συνέχεια έρχεται το καθήκον μας να κάνουμε καλές και διορατικές ερωτήσεις.

Κάνοντας το τελευταίο δεν θα σας δώσει μεγάλη εικόνα για τον πραγματικό τους εαυτό, καθώς ακόμη και εκείνοι δεν θα καταλάβουν γιατί ενδιαφέρεστε. Μπορεί να υποθέσουν ότι νοιάζεστε περισσότερο για τον καιρό από εκείνους! Ομοίως, κάνοντας προσωπικές ερωτήσεις όπως «Ποια είναι η πιο σκοτεινή επιθυμία σας;», θα μπορούσατε να τους κάνετε να νιώθουν άβολα και να θέλουν να ξεφύγουν από εσάς όσο το δυνατόν γρηγορότερα.

Ξεκινήστε από μικρό και διαισθητικό. Καθώς οι ερωτήσεις σας προχωρούν, ρωτήστε σταδιακά πιο οικεία, λαμβάνοντας υπόψη το επίπεδο άνεσης του άλλου ατόμου. Εάν σε οποιοδήποτε σημείο φανούν ενοχλημένοι από τις ερωτήσεις σας ή εμφανίζουν σημάδια δυσφορίας, σταματήστε. Αντ 'αυτού, επιστρέψτε σε λιγότερο ενοχλητικές ερωτήσεις έως ότου σας δοθεί η άδεια να συνεχίσετε τη βαθύτερη έρευνα.

Ωστόσο, πριν εμβαθύνουμε στην προσωπικότητα κάποιου, θα πρέπει να λάβουμε υπόψη δύο σημαντικές σκέψεις.

Πρώτα και κύρια, η μετάβαση μιας σχέσης από επίσημη σε οικεία δεν γίνεται από τη μια μέρα στην άλλη. μάλλον είναι μια σταδιακή διαδικασία που απαιτεί αρκετές συζητήσεις με την πάροδο του χρόνου. Στην αρχή οι συζητήσεις μπορεί να περιστρέφονται γύρω από θέματα επιφανείας όπως η οικογένεια και τα χόμπι. με την πάροδο του χρόνου αυτές θα μπορούσαν να επεκταθούν σε προσωπικές συζητήσεις όπως προηγούμενες σχέσεις ή παιδικά τραύματα.

Υπενθυμίστε στον εαυτό σας ότι κάθε συζήτηση προσφέρει την ευκαιρία να χτίσετε σχέσεις και να αποκτήσετε περισσότερη εικόνα για ένα άτομο. Με τον καιρό, μπορεί να αισθάνονται πιο άνετα να μοιράζονται προσωπικά στοιχεία για τον εαυτό τους.

Δεύτερον, δημιουργήστε εμπιστοσύνη. Αν ζητήσετε από κάποιον να αποκαλύψει προσωπικές λεπτομέρειες της ζωής του, να είστε έτοιμοι να κάνετε το ίδιο σε αντάλλαγμα. Η κοινή χρήση λεπτομερειών για τον εαυτό σας θα ανοίξει ένα κανάλι εμπιστοσύνης μεταξύ σας που μπορεί να οικοδομήσει εμπιστοσύνη σε οποιαδήποτε σχέση.

Οι ερωτήσεις πρόσκλησης είναι εξαιρετικές στο άνοιγμα του διαλόγου, αλλά δεν θα κάνουν τη δουλειά μόνες τους. Χρησιμοποιήστε λοιπόν επακόλουθα ερωτήματα για να επεκτείνετε τον διάλογο.

Με απλά λόγια, ρωτώντας κάποιον ερωτήσεις όπως: "Πώς αισθάνεσαι γι' αυτό;" ή "Γιατί το είπες αυτό;" δείχνει γνήσια περιέργεια για την ιστορία ή το μήνυμά τους και τους παρέχει επιβεβαίωση ότι οι σκέψεις τους εκτιμώνται από κάποιον. Αυτό σας δίνει επίσης την ευκαιρία να δείξετε αξία καθώς ακούτε με προσήλωση κατά τη διάρκεια συνομιλιών που διαφορετικά μπορεί να σας φαίνονται πολύ άβολες ή βαρετές.

Την επόμενη φορά που κάποιος θα μιλήσει με αόριστους όρους, αντί να κουνήσετε το κεφάλι και να προχωρήσετε γρήγορα, ρωτήστε τον: "Τι εννοούσατε με αυτό;" Για να επεκτείνετε και να κάνετε πιο ουσιαστικές συνομιλίες, ακολουθούν ορισμένες πρόσθετες ιδέες:

* Τι κάνεις αυτές τις μέρες, αδερφή/αδελφός/σύζυγός σου; * Πώς πήγε η μέρα σας - και ποιο ήταν το πιο συναρπαστικό κομμάτι της; * Γιατί κάνατε μια τόσο στοχαστική παρατήρηση; * Θα μπορούσατε να το αναλύσετε και να με βοηθήσετε να το καταλάβω περισσότερο;

* Πιστεύετε ότι οι σκέψεις σας θα άλλαζαν για αυτό το θέμα και τελικά θα άλλαζαν γνώμη για αυτό;

Πριν απαντήσετε σε κάθε ερώτηση, αφήστε το άλλο άτομο χρόνο και χώρο να απαντήσει, χωρίς να διακόπτετε κατά τη διάρκεια της απάντησής του. Το να ακούς είναι το κλειδί για να γνωρίσεις κάποιον καλύτερα!

Ο Αϊνστάιν συμβούλεψε περίφημα, «Αναρωτήστε τα πάντα». Το να κάνουμε διορατικές ερωτήσεις σε αυτούς με τους οποίους αλληλεπιδρούμε βοηθά στη δημιουργία αποτελεσματικών αλληλεπιδράσεων, στη δημιουργία σχέσεων εμπιστοσύνης και στη δημιουργία ουσιαστικών δεσμών.

Πόσο συχνά έχετε σκεφτεί, "Μου έφτανε. Πάντα λένε ψέματα!"; Είτε μετά από μια αποτυχημένη σχέση είτε μια υπόσχεση προαγωγής που χάθηκε, το ψέμα είναι πάντα απογοητευτικό και μπορεί να μας κάνει να αμφισβητούμε την κρίση μας και να εμπιστευόμαστε άτομα που κάποτε εμπιστευόμασταν όλο και λιγότερο. Κι αν υπάρχει διέξοδος; Αυτό το κεφάλαιο θα σας εξοπλίσει με εργαλεία για να γίνετε ο δικός σας ανθρώπινος ανιχνευτής ψεύδους, ώστε να αναγνωρίζετε γρήγορα τυχόν ύποπτα σημάδια και να μάθετε να εμπιστεύεστε μόνο αξιόπιστα άτομα.

Για να λέμε την αλήθεια, οι περισσότεροι άνθρωποι κατά καιρούς λένε ψέματα. Μερικές φορές μπορεί να είναι απλά μικροσκοπικά λευκά ψέματα όπως "Όχι γλυκιά μου, αυτό το φόρεμα δεν σε κάνει να φαίνεσαι χοντρή!" αλλά σε άλλες περιπτώσεις, τα ψέματα μπορεί να είναι πιο προφανή όπως, "Η μητέρα μου ήταν άρρωστη, γι' αυτό άργησα σήμερα", ή ξεκάθαρα παραπλανητικά όπως, "Δεν έχω σχέση, είχα άλλη μια ολονύχτια στη δουλειά".

Ωστόσο, οι περισσότεροι άνθρωποι είναι φτωχοί στο να αναγνωρίζουν ψέματα, με αποτέλεσμα να εξαπατούνται. Μια μελέτη που διεξήχθη για την εξέταση αυτής της περιοχής έδειξε ότι μόνο το 54% των συμμετεχόντων μπορούσε να εντοπίσει σωστά τα ψέματα.[16]

Οι διαφορές συμπεριφοράς μεταξύ των ατόμων που λένε ψέματα και εκείνων που λένε την αλήθεια μπορεί να είναι δύσκολο να αξιολογηθούν, καθώς δεν υπάρχουν διακριτά ενδεικτικά σημάδια που θα επέτρεπαν σε κάποιον να αναγνωρίσει οποιαδήποτε ομάδα. Ωστόσο, οι λεπτοί δείκτες μπορούν να βοηθήσουν στη διάκριση του ενός από το άλλο. Όπως αναφέρθηκε προηγουμένως σε άλλο κεφάλαιο, οι παραλλαγές από τη βασική συμπεριφορά είναι ένας άλλος δείκτης του ψέματος.

Ωστόσο, είναι σημαντικό να αναγνωρίσετε ότι η ανίχνευση ψεύδους βασίζεται σε μεγάλο βαθμό στην εμπιστοσύνη του εντέρου σας. Γνωρίζοντας ποια σημάδια πρέπει να προσέξετε και μάθετε πώς να τα ερμηνεύετε με τις γνώσεις και το ένστικτό σας, η ανίχνευση ψεύδους θα γίνει πολύ πιο απλή για εσάς.

Ψυχολόγοι και ερευνητές σε πολλούς κλάδους έχουν διεξαγάγει εκτενείς μελέτες σχετικά με την εξαπάτηση και τη γλώσσα του σώματος, προκειμένου να βοηθήσουν τα μέλη της επιβολής του νόμου να εντοπίσουν απατεώνες και ψεύτες πιο γρήγορα και με ακρίβεια. Το αποτέλεσμα αυτής της έρευνας έχει επισημάνει αρκετές πιθανές κόκκινες σημαίες που μπορεί να υποδηλώνουν οποιοδήποτε δόλο:

* Το να είσαι εσκεμμένα ασαφής προσφέροντας ελάχιστες λεπτομέρειες. Αδυναμία παροχής διευκρινίσεων για οποιοδήποτε γεγονός ή περιστατικό

Επανάληψη προτάσεων ή ερωτήσεων όταν απαντάτε σε συγκεκριμένα ερωτήματα. Μιλώντας σε αποσπάσματα προτάσεων.

* Εμφάνιση συμπεριφορών περιποίησης, όπως το πάτημα των δακτύλων στα χείλη ή ο χειρισμός των κλώνων μαλλιών

Όπως ισχύει με οτιδήποτε άλλο, η πρακτική κάνει τέλειο και στην ανίχνευση ψεύδους. Η ανάγνωση της έρευνας και η εκμάθηση λέει μπορεί μόνο να σας πάει μέχρι εδώ. για να κατακτήσετε πραγματικά την ανίχνευση ψεύδους απαιτεί μεγάλη προσοχή και 100% επίγνωση.

Ως εκ τούτου, στρέφουμε τώρα την εστίασή μας σε δείκτες ή σημάδια που πρέπει να προσέξετε όταν προσπαθείτε να εντοπίσετε έναν απατεώνα.

Πρώτα και κύρια, να γνωρίζετε ποια σήματα πρέπει να προσέχετε. Ενώ οι άνθρωποι βασίζονται σε έγκυρες ενδείξεις για τον εντοπισμό ψεμάτων, η αξιοπιστία τους ως δείκτες ψεύδους θα μπορούσε να είναι περιορισμένη. Μερικές κοινές ενδείξεις εξαπάτησης που παρατηρούν οι άνθρωποι περιλαμβάνουν:

* Επίδειξη αδιαφορίας: Όταν κάποιος προσπαθεί να παραμείνει συναισθηματικά ουδέτερος καταστέλλοντας την έκφραση και δείχνοντας χωρίς λόγια, μπορεί να δείξει έλλειψη έκφρασης, να πάρει μια απαθή στάση ή να σηκώσει τους ώμους ως τρόπους για να μην αποκαλύψει πολλές πληροφορίες.

* Φωνητική ασυνέπεια: Εάν ένας ομιλητής φαίνεται αβέβαιος για τον εαυτό του και αρχίσει να μουρμουρίζει ή να τραυλίζει ενώ μιλάει, αυτό μπορεί να οφείλεται στο ότι ο εγκέφαλός του δεν μπορεί να σκεφτεί αρκετά γρήγορα για να καλύψει τα ψέματά του.

* Υπερβολική σκέψη: Όταν κάποιος φαίνεται να έχει πρόθεση να διαστρεβλώσει την αλήθεια, η υπερβολική σκέψη μπορεί συχνά να είναι το αποτέλεσμα. Με την κατάλληλη γνώση για τα σημάδια που πρέπει να προσέξετε και την ικανότητα να χρησιμοποιείτε αποτελεσματικά την κρίση σε κάθε δεδομένη κατάσταση, η κατανόηση μπορεί να γίνει πολύ πιο απλή.

Δεύτερον, μην βασίζεστε αποκλειστικά στη γλώσσα του σώματος. Τα περισσότερα βιβλία και ιστολόγια για την ανίχνευση ψεύδους υποστηρίζουν την εστίαση αποκλειστικά στη γλώσσα του σώματος - τις ανεπαίσθητες αλλαγές στη συμπεριφορά και τα φυσικά σημάδια που αποκαλύπτουν ποιος είναι ανέντιμος - για να συλλάβουν τους απατεώνες. Ωστόσο, η έρευνα τώρα δείχνει ότι τα στοιχεία της γλώσσας του σώματος μπορεί να βοηθήσουν στον εντοπισμό ψεμάτων, αλλά δεν είναι πάντα αξιόπιστοι δείκτες εξαπάτησης.

Ο Howard Ehrlichman, ένας ερευνητής ψυχολόγος, διαπίστωσε ότι οι αλλαγές στις κινήσεις των ματιών δεν υποδηλώνουν πάντα ψέματα. θα μπορούσαν απλώς να προκληθούν από την ανάκτηση πληροφοριών από τη μακροπρόθεσμη μνήμη ή την υπερβολική σκέψη.[17]

Από αυτές και άλλες μελέτες, μπορεί να συναχθεί το συμπέρασμα ότι η γλώσσα του σώματος, αν και συχνά είναι ακριβής, μπορεί να μην είναι πάντα ο καλύτερος δείκτης του ψέματος. Η γνώση κάποιου και των προτύπων συμπεριφοράς του δίνει ένα πλεονέκτημα στη διάκριση του ψέματος από τα βασικά πρότυπα συμπεριφοράς.

Τρίτον, ζητήστε τους να αφηγηθούν την ιστορία τους - ανάποδα! Η θεωρία πίσω από αυτήν την άσκηση είναι ότι οι μη λεκτικές και λεκτικές ενδείξεις που διακρίνουν την αλήθεια από το ψέμα γίνονται πιο εμφανείς όταν αυξάνεται το γνωστικό φορτίο - αυτό συμβαίνει επειδή το ψέμα είναι μια εξαντλητική διαδικασία σε σύγκριση με το να λες την αλήθεια - γι' αυτό οι άνθρωποι λένε "αν πεις την αλήθεια, δεν χρειάζεται να θυμάστε όλες τις λεπτομέρειες».

Τα εσκεμμένα ψέματα είναι δραστηριότητες με μεγαλύτερη γνωστική πρόκληση. Όσοι ασχολούνται με αυτά απαιτούν μεγάλους διανοητικούς πόρους για να προσπαθούν να αποκρύψουν οποιεσδήποτε ιστορίες που θα μπορούσαν να ξεπεράσουν τα ψέματά τους, παρακολουθώντας τόσο τη δική τους συμπεριφορά όσο και τη συμπεριφορά των ακροατών. Το να εδραιώσετε την αξιοπιστία και να πείσετε τους άλλους για την ιστορία τους απαιτεί προσπάθεια, αλλά όταν συνδυάζεται με την απαίτηση να την αφηγηθείτε προς τα πίσω, μπορεί να αρχίσετε να εντοπίζετε τυχόν ρωγμές στην αφήγηση ή τις διαφορές συμπεριφοράς τους. Η έρευνα έχει τεκμηριώσει αυτή τη θεωρία. Εάν μια ιστορία φαίνεται λεπτή στις λεπτομέρειες ή είναι εντελώς φτιαγμένη, θυμηθείτε ποιες λεπτομέρειες επαναλήφθηκαν την πρώτη φορά! Κάνοντας αυτό θα σας επιτρέψει να διακρίνετε μεταξύ ψέματος και αλήθειας.

Όπως αναφέρθηκε προηγουμένως, εμπιστευτείτε το ένστικτό σας! Όπως αναφέρθηκε προηγουμένως, το να ακολουθείτε το έντερο σας μπορεί να είναι το καλύτερο όπλο σας ενάντια στην ανίχνευση ψεύδους. Πολυάριθμες μελέτες έχουν αποδείξει ότι οι εσωτερικοί υποσυνείδητοι δείκτες είναι πιο αποτελεσματικοί από τις συνειδητές στρατηγικές στον εντοπισμό της εξαπάτησης. Οι άνθρωποι διαθέτουν διαισθητικά, ασυνείδητα δεδομένα που βοηθούν στην αναγνώριση της εξαπάτησης, αν δώσουμε προσοχή σε αυτήν.

Αν και τα ένστικτα μπορεί να είναι πολύ αξιόπιστα, οι άνθρωποι συχνά δεν έχουν την ικανότητα ή την ικανότητα να τα χρησιμοποιούν με ακρίβεια και παραμένουν ευάλωτοι σε δόλια σκέψη. Δυστυχώς, ωστόσο, η συνειδητή σκέψη ή αντίδραση μπορεί να παρεμβαίνει στους αυτόματους συσχετισμούς - αντί να εμπιστεύεστε το ένστικτό σας, οι συνειδητές σας σκέψεις αρχίζουν να αναλύουν μοτίβα ή στερεότυπες ενέργειες και τελικά αποκλείουν τον εαυτό σας να το εμπιστευτεί εντελώς. Η γνώση του εαυτού σας αρκετά καλά σας επιτρέπει να αναγνωρίζετε τις ενστικτώδεις απαντήσεις, ενώ δεν δίνετε υπερβολική έμφαση σε συμπεριφορές που οδηγούν στον δρόμο προς την αυτοαμφισβήτηση και σας κάνουν να αναρωτιέστε αν θα μπορούσε να λειτουργήσει κατά καιρούς!

Τέλος, παρατηρήστε την αλλαγή του επιπέδου αυτοπεποίθησής τους. Δίνοντας προσοχή θα σας δείξει ότι το στυλ ενός πιθανού απατεώνα αλλάζει όταν έρχεται αντιμέτωπος. Οι περισσότεροι ψεύτες αισθάνονται ασφαλείς μέσα στην περιορισμένη ζώνη ψεύδους τους, όπου νιώθουν ότι έχουν τον έλεγχο. Ωστόσο, εάν κάτι αμφισβητεί οτιδήποτε λένε, μπορεί να τους κάνει να χάσουν τον έλεγχο και έτσι να μειώσουν σημαντικά τα επίπεδα εμπιστοσύνης.

Καθώς αρχίζουν να αισθάνονται πιεσμένοι, μπορεί να παρατηρήσετε ότι αλλάζουν την αφήγησή τους ή δίνουν ασυνεπείς απαντήσεις για ορισμένα γεγονότα, γίνονται πιο ασταθείς στις απαντήσεις τους και αλλάζουν τον τρόπο που τα περιγράφουν. Παρακολουθώντας για αλλαγές συμπεριφοράς όπως αυτή, μπορείτε να εντοπίσετε κενά στην ιστορία τους και να προσδιορίσετε τις πραγματικές τους προθέσεις.

Έχετε υπόψη σας ότι μπορεί να είναι δύσκολο να προσδιορίσετε εάν κάποιος μπροστά σας λέει την αλήθεια ή φτιάχνει ιστορίες. Ίσως είναι επιδέξιοι στην απόκρυψη πληροφοριών ή η εμπιστοσύνη σας μπορεί να σας δυσκολέψει να εντοπίσετε οτιδήποτε δεν πάει καλά.

Αλλά τα σημάδια και οι δείκτες που περιγράφονται παραπάνω μπορεί να δείχνουν ότι κάποιος σας κρύβει κάτι.

Την επόμενη φορά που θα χρειαστεί να αξιολογήσετε την ειλικρίνεια κάποιου, δώστε ιδιαίτερη προσοχή σε τυχόν λεπτές ενδείξεις που συνδέονται με ψέματα. Εάν είναι απαραίτητο, αυξήστε την πίεση καθιστώντας τους λογικά φορολογικό να λένε την ιστορία τους. Διατηρώντας αυτές τις πρακτικές στη θέση τους και κρατώντας αυτές τις συμβουλές στο μυαλό σας, θα είστε σε θέση να περιορίσετε γρήγορα από τη ζωή σας όσους είναι ανέντιμοι μαζί σας.

Πώς μπορείτε να καταλάβετε εάν κάποιος λέει ψέματα από παράλειψη; Πώς μπορείτε να προσδιορίσετε εάν κάποιος λέει ψέματα από παράλειψη; Εάν κάποιος δεν λέει ρητά ψέματα αλλά παρουσιάζει μόνο ένα μέρος της αλήθειας, αυτό θεωρείται ψέμα ή απλώς επικοινωνία; Το ψέμα από παράλειψη είναι μια έξυπνη τακτική που χρησιμοποιείται για να αποφευχθεί η αφήγηση όλων όσων συνέβησαν. Για τους σκοπούς της καταγραφής θα πρέπει να θεωρείται ψέμα καθώς εμποδίζει τον δέκτη του να κατανοήσει με ακρίβεια. Για παράδειγμα, ένα παιδί μπορεί να σας πει ότι έβαλε παγωτό στην κατάψυξη μόνο και μετά θα βγει αργότερα και θα το φάει όλο μόνο του. Για καταγραφή, αυτό θα πρέπει να χαρακτηριστεί ως ψέμα, καθώς εμποδίζει τον παραλήπτη των πληροφοριών να δει όλες τις πλευρές. Για παράδειγμα, ένα παιδί μπορεί να πει ότι έβαλε παγωτό στην κατάψυξη, αλλά στη συνέχεια δεν αναφέρει ότι το έβγαλαν αργότερα από εκεί που είχε βγει αργότερα, σε αντίθεση με το να του πει πλήρως όλα τα γεγονότα, όπως το να το βγάλουν αργότερα και να το φάνε αργότερα όταν ζητηθεί από εσάς όσο το δυνατόν.

Ωστόσο, η απάντησή τους δεν σας παρείχε αρκετές λεπτομέρειες εάν η ερώτησή σας ήταν "Πού πήγε το παγωτό;" ανεξάρτητα από το πόσο ακριβής μπορεί να ήταν η ιστορία τους.

Το προβληματικό με το να λες ψέματα με ψέματα παράλειψης είναι ότι τα περισσότερα άτομα που το χρησιμοποιούν δεν θεωρούν ότι λένε ψέματα, επομένως δεν είναι τόσο απρόθυμοι ή δεν δείχνουν τυπικά σημάδια ότι κάποιος λέει ψέματα. Για να κατανοήσουμε πλήρως γιατί κάποιος λέει ψέματα, πρέπει να γνωρίζουμε τα κίνητρά του. Οι άνθρωποι μπορεί να αποκρύπτουν σημαντικές πληροφορίες λόγω ντροπής, ενοχής ή φόβου, αλλά επειδή είναι απρόθυμοι να πουν πλήρη ψέματα, μπορεί να είναι ευκολότερο για τους ερευνητές να καταλάβουν την αλήθεια εάν κάποιος αφήσει σημαντικές λεπτομέρειες στις συνομιλίες.

Αναζητήστε σημάδια ότι κάποιος φαίνεται άβολα όταν συζητάτε ένα σημαντικό θέμα. Ακούγονται ασαφή, κάνουν πάρα πολλά διαλείμματα, αποφεύγουν την οπτική επαφή; Κάντε συγκεκριμένες ερωτήσεις για σαφήνεια για να αναγκάσετε τους ανθρώπους να λάβουν συνειδητές αποφάσεις σχετικά με το αν θα μοιραστούν ή όχι συγκεκριμένες λεπτομέρειες, χωρίς να μπορείτε πλέον να κρύβεστε πίσω από το "δεν λέω ψέματα", επιτρέποντάς σας να μάθετε όλη την αλήθεια πιο εύκολα από ό,τι όταν κάποιος λέει ελεύθερα ψέματα χωρίς δισταγμό. Ακόμα κι αν κάποιος λέει ψέματα, τα σημάδια του πιθανότατα θα είναι πιο εύκολο να εντοπιστούν σε σύγκριση με κάποιον που λέει επανειλημμένα ψέματα χωρίς δισταγμό.

Έχετε συναντήσει ποτέ κάποιον που σας έκανε αμέσως άβολα, αλλά δεν μπορούσατε να προσδιορίσετε γιατί σας φαινόταν άβολα; Φαινόταν κάτι λάθος στον τρόπο που σας κοιτούσαν, αλλά δεν μπορούσαν να προσδιορίσουν τι ακριβώς; Σας έχουν κάνει να νιώθετε άβολα αλλά δεν μπορούσατε να βάλετε το δάχτυλό σας στο γιατί έδειχναν έτσι; Εάν αυτό σας ακούγεται οικείο, τότε το Κεφάλαιο 22 μπορεί να προσφέρει τη λύση: Απόκτηση ακρίβειας κατά την λεπτή κοπή.

«Κάτι δεν έμοιαζε καλά». Θα βρεθείτε να προσπαθείτε μάταια να εξηγήσετε στη σύζυγό σας γιατί δεν είχατε επιλέξει τον συγκεκριμένο οδοντίατρο για οδοντιατρικές επεμβάσεις ή γιατί αρνηθήκατε μια εντυπωσιακή προσφορά εργασίας.

Καθημερινά ερχόμαστε σε επαφή με διάφορους ανθρώπους. άλλα ελάχιστα γνωρίζουμε και άλλα που αφήνουν μόνιμες εντυπώσεις. Μπορεί να θυμάστε κάποιον που γνωρίσατε για λίγο σε ένα πάρκο ως ζεστό ή ευγενικό, ενώ ένας άλλος άγνωστος μπορεί να ξεχωρίσει ως αγενής ή παράξενος.

Είναι όλες οι αρχικές μας κρίσεις αδικαιολόγητες και οφείλονται στις δικές μας προκαταλήψεις; Μάλλον όχι! Ίσως οι πρώτες εντυπώσεις έχουν σημασία επειδή αποκαλύπτουν κάτι για κάποιον που το συνειδητό μυαλό μας απλά δεν μπορεί να καταλάβει ακόμα. Αυτή η ικανότητα να γίνονται γρήγορες αλλά ακριβείς υποθέσεις για τους ανθρώπους γρήγορα είναι γνωστή ως λεπτή κοπή.

Οι πρώτες εντυπώσεις ή κρίσεις για την προσωπικότητα κάποιου δεν γίνονται μόνο τυχαία - στην πραγματικότητα δημιουργούνται από το υποσυνείδητο μυαλό μας που επεξεργάζεται τις πληροφορίες πολύ πιο γρήγορα από ό,τι φανταζόμαστε! Γιατί μπορούμε μερικοί από εμάς να κάνουμε καλύτερες κρίσεις από άλλους, ρωτάτε;

Αυτό που ξεχωρίζει αυτούς που κάνουν ακριβείς κρίσεις από αυτούς που δεν το κάνουν είναι η εμπιστοσύνη τους στη «διαίσθησή» τους. Ακούνε τι τους λέει το ένστικτό τους και αναπτύσσουν αυτές τις δεξιότητες μέσα από συνειδητή προσπάθεια.

Ο λεπτός τεμαχισμός μπορεί να οριστεί επιστημονικά ως η ικανότητα να κάνουμε τεκμηριωμένες κρίσεις με βάση μικρά κομμάτια πληροφοριών. Πολλά πειράματα έχουν αποδείξει ότι τα συμπεράσματά μας για κάποιον είναι συνεπή ανεξάρτητα από το πόσο καιρό συνομιλούμε μαζί του - από πέντε δευτερόλεπτα ή πέντε λεπτά! γλιστρήσει δίπλα μας χωρίς να το αντιληφθεί το συνειδητό μυαλό μας.

Δεν μπορεί να είναι καταπληκτικό; Το να κάνετε με ακρίβεια υποθέσεις για κάποιον που βασίζονται μόνο σε μια δήλωση ή ένα μικρό χαρακτηριστικό θα μπορούσε να είναι τόσο ακριβές.

Γιατί λοιπόν δεν είμαστε ικανοί στο να διαβάζουμε τους ανθρώπους μέχρι στιγμής; Κυρίως λόγω της αδυναμίας να διατυπωθούν αυτές οι κρίσεις. Το να μην έχουμε αρκετές λεπτομέρειες στα δάχτυλά μας σημαίνει ότι αυτή η μη λεκτική αποκωδικοποίηση λαμβάνει χώρα χωρίς καν να το καταλάβουμε, δίνοντας έτσι μεγάλη σημασία στις πρώτες εντυπώσεις παρόλο που δεν αντικατοπτρίζουν την πραγματικότητα αλλά λειτουργούν ως σήματα από το υποσυνείδητό μας ότι μπορεί να έχουν απαντήσεις για εμάς.

Ως άνθρωποι, είμαστε καλωδιωμένοι να εμπιστευόμαστε μόνο τον εαυτό μας εντός ορίων. Η αρνητική προκατάληψη μάς εμποδίζει να εμπιστευόμαστε υπερβολικά τον εαυτό μας. Ίσως να σκέφτεστε: «Όλα αυτά ακούγονται υπέροχα. Ωστόσο, αν εμπιστευόμουν πλήρως το ένστικτό μου, δεν θα αγόραζα αυτό το βιβλίο!»

Καταλαβαίνω το δίλημμά σας. Το να εμπιστεύομαι το ένστικτό μου πολύ συχνά με οδήγησε σε έναν δρόμο με απώλειες στα τυχερά παιχνίδια! Και ενώ δεν υποστηρίζω να αφήνετε το υποσυνείδητό σας να καθοδηγεί τις κρίσεις σας, ο εγκέφαλός μας είναι πολύ πιο έξυπνος από ό,τι του δίνουμε εύσημα! Γνωρίζατε ότι ο εγκέφαλός μας μπορεί να επεξεργαστεί 11 εκατομμύρια bits πληροφοριών κάθε δευτερόλεπτο; Ωστόσο, το συνειδητό μυαλό μας φαίνεται ικανό να επεξεργαστεί μόνο 40-50 bit. [19] Αυτό είναι ένα τεράστιο χάσμα μεταξύ αυτού που πραγματικά μπορεί να χειριστεί ο εγκέφαλός μας και αυτού που αντιλαμβανόμαστε ότι μπορεί να χειριστεί. Ενώ μπορεί να επεξεργαζόμαστε μόνο λίγα 50 bit, ο υποσυνείδητος εγκέφαλός μας έχει ήδη παρατηρήσει, συμπεράνει και σχηματίσει απόψεις πολύ πιο ακριβείς από οτιδήποτε θα μπορούσε ποτέ να μας προσφέρει η συνειδητή μας επίγνωση.

Συγκριτικά, το υποσυνείδητό μας έχει κάνει μια εξαιρετική δουλειά στην επεξεργασία πληροφοριών. δυστυχώς απλώς δεν αναγνωρίζουμε αρκετά τις προσπάθειές του. Φανταστείτε να εμπιστευόμασταν περισσότερο το υποσυνείδητό μας στο να κάνουμε κρίσεις. μπορεί να μην χρειάζεται καμία άλλη δεξιότητα για την πρόσβαση στον εγκέφαλο των ανθρώπων!

Η ανακάλυψη της τέχνης του λεπτού τεμαχισμού απαιτεί να αναγνωρίσουμε τις υποσυνείδητες σκέψεις μας και να ερμηνεύσουμε σωστά τη διαίσθησή μας. Μην θάβετε αυτές τις μικρές κρίσεις που μπορεί να περάσουν απαρατήρητες. Όταν βάζετε ταμπέλα σε κάποιον, αναρωτηθείτε γιατί και σκεφτείτε καλύτερα: ήταν η μετατόπιση του βάρους του από πόδι σε πόδι ή δάγκωσαν τα χείλη του λίγο πριν μιλήσουν;

Όσο ισχυρό κι αν είναι το υποσυνείδητό μας, μπορεί επίσης να συγκρουστεί με συνειδητές προκαταλήψεις και να οδηγήσει σε κάποιες ατυχείς αποφάσεις. Επομένως, δεν βασίζονται όλοι αποκλειστικά στο ένστικτό τους όταν παίρνουν αποφάσεις - η πιθανή δύναμη βρίσκεται μέσα σε όλους μας, απλά χρειάζεται ξεκλείδωμα και χτύπημα σωστά.

Ο λεπτός τεμαχισμός περιλαμβάνει την εκμάθηση περισσότερων για κάποιον με ελάχιστες πληροφορίες. Οι τρόποι, η γλώσσα του σώματός τους, η γραφή και η ενδυμασία τους αποκαλύπτουν πολλά για αυτούς, αν παρατηρηθούν προσεκτικά και με επίγνωση του υποσυνείδητου κάποιου. Σύμφωνα με το βιβλίο του Malcolm Gladwell με τις μεγαλύτερες πωλήσεις Blink, η λεπτή κοπή περιλαμβάνει το χτύπημα στο «προσαρμοστικό υποσυνείδητο» κάποιου. Ενώ τα συνειδητά μυαλά χρησιμοποιούν αξιολογήσεις που βασίζονται σε στοιχεία όταν εξάγουν τα συμπεράσματά τους για άτομα ή γεγονότα που βασίζονται μόνο στη συνειδητή παρατήρηση, το προσαρμοστικό ασυνείδητο χρησιμοποιεί εκτιμήσεις με πολύ μικρά κομμάτια αποδείξεων στην καλύτερη περίπτωση ως πηγές.

Καθώς εξασκούμε και τελειοποιούμε αυτή τη τέχνη των πληροφοριών λεπτής κοπής, η επιτυχία μας εξαρτάται από το να μπορούμε να εξασκούμε και να μαθαίνουμε με κάθε εμπειρία που αποκτάμε. Πατώντας στο υποσυνείδητό σας και φιλτράροντας πληροφορίες αντί για αξιολογήσεις, μπορείτε να κατανοήσετε καλύτερα τους άλλους και να προβλέψετε τη συμπεριφορά τους.

Ο Τζον Γκότμαν, ένας αξιότιμος Αμερικανός ψυχολόγος, διεξήγαγε μια εις βάθος ερευνητική μελέτη στην οποία συμμετείχαν περισσότερα από 3.000 ζευγάρια για να αναπτύξουν αυτό που έγινε γνωστό ως «εργαστήριο αγάπης». Μέσω αυτής της μεθόδου συλλογής και διαχωρισμού πληροφοριών, ο Γκότμαν κατέληξε στο συμπέρασμα ότι θα μπορούσατε να προβλέψετε το μέλλον του γάμου τεμαχίζοντας τα σχετικά δεδομένα - όχι μόνο συλλέγοντάς τα όλα μαζί αλλά κατανοώντας επίσης τη συνάφειά τους. Αυτή η θεωρία επικεντρώθηκε όχι απλώς στη συλλογή γεγονότων αλλά στον καθορισμό των πληροφοριών που ήταν πιο κατάλληλες.

Και αυτό ακριβώς πρέπει να κάνετε και εσείς. Το υποσυνείδητό σας θα λάβει εκατομμύρια bits δεδομένων, αλλά το συνειδητό μυαλό σας πρέπει τώρα να αποφασίσει ποιες πληροφορίες είναι σημαντικές ή άσχετες. Εδώ έγκειται η αξία της γνώσης που παρέχεται σε άλλα μέρη του βιβλίου. χρησιμοποιήστε τα εργαλεία του για να διακρίνετε ποιες ενέργειες, λέξεις και δείκτες χρειάζονται την εστίασή σας και ποιες δεν είναι κατάλληλες όσον αφορά την καλύτερη κατανόηση των ανθρώπων.

Η θεωρία του Gottman προτείνει την εστίαση σε φευγαλέες εκφράσεις του προσώπου και διαλόγους που φαίνονται ασήμαντοι, χωρίς να τραβούν υπερβολική προσοχή στον εαυτό τους. Αν και δεν θα αποφέρει άμεσα αποτελέσματα, απαιτείται εξάσκηση στην αναγνώριση προτύπων - πρέπει να εντοπίσετε άτομα που λένε ψέματα, προστατεύουν καλά τα συναισθήματά τους ή κρύβονται πίσω από εξωστρεφείς συμπεριφορές - έτσι όσο προχωρά ο χρόνος το συνειδητό και το υποσυνείδητο μυαλό σας θα ευθυγραμμίζονται απρόσκοπτα και θα επιτρέπουν υπολογισμούς εκτιμήσεις για το τι κρύβεται στο μυαλό κάποιου. [23]

Κατά καιρούς όλοι προσπαθούμε να αποκρυπτογραφήσουμε τι εννοεί κάποιος όταν χρησιμοποιεί φράσεις όπως «δεν με νοιάζει» ή «Γιατί νομίζεις ότι έχει σημασία» ή «είμαι καλά». Αυτά μπορεί να αισθάνονται σαν βόμβες που απαιτούν από εσάς να καταλάβετε γρήγορα την πραγματική τους πρόθεση πριν προκληθεί οποιαδήποτε μόνιμη ζημιά στις σχέσεις! Βρίσκεσαι να εύχεσαι πριν από χρόνια να είχες εγγραφεί σε αυτό το εργαστήριο τηλεπάθειας!

Μια ερμηνεία μπορεί συχνά να είναι δύσκολη, ειδικά όταν δεν χρησιμοποιούν λέξεις για να επικοινωνήσουν άμεσα τις ιδέες τους. Οι λέξεις είναι μόνο μέρος της εικόνας - για να σώσει κανείς το πλοίο, πρέπει να φτάσει στον πάτο του ωκεανού για να εντοπίσει πού κρύβονται τα τέρατα - αυτό είναι το νόημα της ανάγνωσης ανάμεσα στις γραμμές!

Το διάβασμα ανάμεσα στις γραμμές είναι μια τέχνη που μπορεί να σώσει ακόμα και τις πιο στενές σχέσεις. Απαιτεί κατανόηση που αφήνει ελάχιστο χώρο για εξηγήσεις και σας επιτρέπει να δημιουργήσετε το ιδανικό περιβάλλον για ουσιαστικούς και παραγωγικούς διαλόγους. Το νόημα συχνά βρίσκεται πέρα από τις λέξεις και μόνο - γι' αυτό οι τελείες, τα κόμματα και τα θαυμαστικά παίζουν τόσο ουσιαστικό ρόλο στην επικοινωνία του νοήματός τους.

Τα σημάδια που εκπέμπουν οι άνθρωποι για να αποκαλύψουν τα αληθινά τους συναισθήματα μπορεί συχνά να παρερμηνευθούν ως αθώες χειρονομίες. αλλά αυτά τα σημάδια θα πρέπει πάντα να λαμβάνονται σοβαρά υπόψη ως ενδείξεις ότι αυτό που λένε οι άνθρωποι έχουν ένα βαθύ νόημα. Για παράδειγμα, λέξεις όπως «θέλω να είμαι πάντα μαζί σου» μπορεί να φαίνονται σαν δήλωση αγάπης, αλλά όταν συνδυάζονται με άλλες κόκκινες σημαίες σε μια αβέβαιη σχέση μπορεί να υποδηλώνουν κακοποίηση ή χειραγώγηση.

Όπως μπορεί κανείς να περιμένει σε ένα περιβάλλον που κατοικείται από πάνω από 8 δισεκατομμύρια άτομα με τις ατομικές τους σκέψεις και προσωπικότητες, μια πρόταση μπορεί να μην σημαίνει το ίδιο όταν λέγεται από διαφορετικούς ανθρώπους σε διάφορα πλαίσια. Πρέπει να ακούτε πιο σκληρά για να κατανοήσετε τι προσπαθεί να μεταφέρει ένα άλλο άτομο. Σύμφωνα με τον Gary Wong, έναν αξιότιμο επενδυτή και προπονητή σε ακίνητα, έχουμε δύο αυτιά αλλά μόνο ένα στόμα, επομένως η ακρόαση πρέπει να υπερισχύει της ομιλίας[23]. Να είστε ανοιχτόμυαλοι απέναντι σε αυτά που σας λένε οι άνθρωποι ενώ κατανοείτε βαθιά ποιες είναι οι προθέσεις τους όταν μιλούν τη γλώσσα τους.

Μια αποτελεσματική στρατηγική που θα σας βοηθήσει να διαβάσετε ανάμεσα στις γραμμές είναι να περιμένετε μια στιγμή πριν μιλήσετε. Το να βιαστείς να απαντήσεις μπορεί να σημαίνει ότι χάνεις χρόνο για να καταλάβεις τι πραγματικά ειπώθηκε. και αν ο ομόλογός σας κάνει το ίδιο, το μήνυμά του θα μπορούσε εύκολα να χαθεί ανάμεσα σε παρεξηγήσεις και κακή επικοινωνία.

Όταν κάποιος χρησιμοποιεί φράσεις όπως «δεν ξέρω» ή «είμαι αβέβαιος», μην βιαστείτε με εξηγήσεις μόλις πει ότι δεν καταλαβαίνει κάτι - αντίθετα δώστε του χώρο και αξιολογήστε άλλους δείκτες για να κερδίσετε μια πληρέστερη εικόνα του μηνύματός τους.

Η ανάγνωση μεταξύ των γραμμών απαιτεί να ακούτε προσεκτικά και να εξετάζετε το πλαίσιο, την προσωπικότητα και την κατάσταση κατά την ανάγνωση μιας ιστορίας. Ένας συγγραφέας συχνά δεν επικοινωνεί απευθείας αυτό που προσπαθούν να εκφράσουν οι χαρακτήρες του, αλλά παρέχει καταστάσεις και ενδείξεις για το τι μπορεί να του συμβαίνει - ο αναγνώστης μπορεί εύκολα να αναγνωρίσει αυτόν τον δείκτη που παρέχει ο χαρακτήρας.

Ακολουθεί ένα απόσπασμα από μια ιστορία:

Οι παλάμες της ίδρωναν καθώς έριξε μια ματιά στο ρολόι για πέμπτη φορά μέσα σε μια ώρα, γνωρίζοντας ότι θα έφτανε γύρω στις 8. Καθώς κάθε δευτερόλεπτο πλησίαζε όλο και πιο κοντά στις οκτώ, ένιωθε τα γόνατά της να εξασθενούν και τις γροθιές της να σφίγγονται με την προσμονή της άφιξής του .

«Αγάπη μου», ρώτησε ο άντρας της από την άλλη άκρη του δωματίου. Απάντησε απλά. «Είμαι καλά, απλά έχω ψυχραιμία», ήταν όλα αυτά που ειπώθηκαν χωρίς να έχουν οπτική επαφή μαζί του. Όταν χτύπησε το κουδούνι της, έσκυψε πιο βαθιά στον καναπέ της με το στήθος να αγκαλιάζει σφιχτά τα γόνατα περιμένοντας μια αμήχανη συνάντηση μεταξύ του συζύγου της και του φίλου του.

Έδειξε η συγγραφέας ότι ο χαρακτήρας τους ήταν ανησυχητικός, ωστόσο το συμπέρανες αυτό από τη γλώσσα του σώματός της και το απόσπασμα; Μπορείτε να δείτε όταν είπε: «Θα είναι μια μακρά, κρύα νύχτα» ότι δεν μιλούσε μόνο για τον καιρό; Οι πιθανότητες είναι ότι συνέβη φυσικά επειδή ένας συγγραφέας εφιστά την προσοχή σας απευθείας στο πώς ανταποκρίνεται ένας χαρακτήρας σε κάθε παράγραφο του κειμένου.

Ωστόσο, όταν αλληλεπιδράτε με πραγματικούς ανθρώπους, είναι συχνά δύσκολο να εντοπίσετε τι ακριβώς συμβαίνει, ακόμα κι αν κάτι φαίνεται να μην φαίνεται. Εμπιστεύσου τα ένστικτά σου; ακόμα κι αν η πηγή είναι ασαφής με την πρώτη ματιά. Σημειώστε διανοητικά για να ξαναδείτε αυτά που ειπώθηκαν - για παράδειγμα, εάν ένα από τα αδέρφια σας ή στενοί φίλοι σας αναφέρει αδιάφορα ότι είμαι σπίτι στις έξι ως "Ο Σαμ ανησυχεί αν αργήσω".

Ανεξάρτητα από το πόσο περιστασιακή μπορεί να φαίνεται η συνομιλία, κάτι σε αυτήν αισθάνεται άσχημα. Ίσως ήταν ο τρόπος της να ελέγχει συνεχώς το χρόνο ή ο βιαστικός της τόνος. ή θα μπορούσαν απλώς να είναι λέξεις που επιλέγονται χωρίς να λαμβάνεται υπόψη το πλαίσιο ή ο τόνος.

Το «Πρέπει να είμαι πίσω στο σπίτι» ακούγεται περισσότερο ως τελεσίγραφο παρά ως έκφραση ανησυχίας, που θα μπορούσε να υποδηλώνει ότι βρίσκεται σε μια ανθυγιεινή σχέση με τον σύντροφό της. Ίσως κανένας από τους δύο δεν γνωρίζει τη συναισθηματική κακοποίηση που βιώνουν υπό το όνομα της αγάπης και της φροντίδας. Το να είμαστε σε θέση να ανιχνεύσουμε τι προσπάθησε να επικοινωνήσει το άλλο άτομο, μας επιτρέπει να δούμε πέρα από αυτό που κοινοποιήθηκε άμεσα.

Εστιάστε σε αυτά που δεν ειπώθηκαν - τις σιωπές και τις παύσεις - για να αποκτήσετε περισσότερη κατανόηση. Η σιωπή μπορεί να πει πολλά. Για παράδειγμα, εάν το παιδί σας ξαφνικά σώπασε όταν ρωτήθηκε για τη μέρα του στο σχολείο. Ομοίως, εάν οι λέξεις που αποφάσισαν να μην μιλήσουν μπορεί να υποδηλώνουν προβλήματα στα οποία αξίζει να δοθεί προσοχή σε άλλες πτυχές της επικοινωνίας. Θα μπορούσατε να εφαρμόσετε την ίδια στρατηγική όταν αλληλεπιδράτε με οποιονδήποτε θέλετε να αποκτήσετε μια βαθύτερη εικόνα.

Ποιες ερωτήσεις ή θέματα αποφεύγουν να συζητούν. όταν κάνουν πολύ μεγάλη παύση μεταξύ της ομιλίας. αλλάζει ο τόνος τους όταν συζητούν συγκεκριμένα άτομα ή γεγονότα; Αυτές οι παρατηρήσεις σας βοηθούν να τους κατανοήσετε καλύτερα ως άτομα καθώς και να κατανοήσετε τις προφορικές λέξεις με μεγαλύτερο βάθος.

Ακριβώς όπως όταν μιλάτε στα παιδιά για το σχολείο, όταν επικοινωνείτε με άτομα που δεν μοιράζονται εύκολα πληροφορίες ή εκείνους που προτιμούν να χρησιμοποιούν ασαφές λεξιλόγιο. Οι ερωτήσεις και οι απαντήσεις σας πρέπει να δομηθούν προσεκτικά για μέγιστο αντίκτυπο και αποτελεσματικότητα.

Βεβαιωθείτε ότι τα κάνετε όλα αυτά στο πλαίσιο. να έχετε πάντα υπόψη σας την κατάσταση, το περιβάλλον και τις συνθήκες όταν παρατηρείτε κάποιον. Να είστε προσεκτικοί εάν κάποιος ακούγεται απόμακρος λόγω απόσπασης της προσοχής από το περιβάλλον. Ή μπορεί να σιωπούν κατά τη διάρκεια συνομιλιών για ορισμένα γεγονότα - όχι επειδή θέλουν να κρύψουν οτιδήποτε, αλλά λόγω αδιαφορίας ή απόσπασης της προσοχής από αυτό που συζητήθηκε.

Ακριβώς όπως η κατανόηση κάποιου άλλου απαιτεί χρόνο, συνέπεια και κατανόηση, έτσι και η κατανόηση του τι λέει κάποιος μεταξύ των γραμμών. Το να αναλύεις κάθε λέξη και να σιωπάς στιγμή προς στιγμή, μόνο θα μπερδεύει τα πράγματα περισσότερο. χρειάζεται μόνο να είστε παρόντες και προσεκτικοί όταν ακούτε και να αναθεωρείτε νοερά όλα όσα ακούτε προτού καταλήξετε στα συμπεράσματά σας σχετικά με τις πιθανές ερμηνείες τους.

Το κοινό του TedTalk δεν βλέπει μόνο λαμπρές ιδέες που παρουσιάζονται στο TedTalk. Τα κίνητρα και οι παράγοντες επιρροής που πετυχαίνουν δεν είναι απαραίτητα εκείνοι με μεγάλες σκέψεις. Είναι εκείνοι που καταλαβαίνουν πώς να τις παρουσιάζουν αποτελεσματικά - μέσω της πρακτικής του τόνου και του τόνου, της κατηγορηματικής δομής των ομιλιών ή ακόμη και της χρήσης της κάλυψης από τα μέσα ενημέρωσης για μέγιστο αποτέλεσμα. Η δημόσια ομιλία περιλαμβάνει τον έλεγχο του τρόπου με τον οποίο λέτε τα πράγματα αντί να εξετάζετε αποκλειστικά τι πρέπει να ειπωθεί. Οι δημόσιοι ομιλητές μαθαίνουν την τέχνη της πειθούς για να κερδίσουν το κοινό τους.

Οι δημόσιοι ομιλητές χρησιμοποιούν συχνά μοτίβα ομιλίας για τη δομή του περιεχομένου τους για μέγιστο αποτέλεσμα. Η επιλογή αυτών των μοτίβων εξαρτάται από τα θέματα, το κοινό και τον κύριο σκοπό της ομιλίας τους - με άλλα λόγια, οι συνομιλίες πρέπει να εξυπηρετούν τον πραγματικό τους σκοπό, αν αυτός είναι ο στόχος τους! Όταν μιλάτε με κάποιον νέο, βεβαιωθείτε ότι ο στόχος σας είναι ξεκάθαρος, ώστε να μπορείτε να παραμένετε συγκεντρωμένοι όταν παρακολουθείτε τις απαντήσεις από αυτόν - τα άτομα που διαβάζουν δεν πρέπει να περιλαμβάνουν τη συλλογή άσχετων στοιχείων για άλλους.

Επιτάχυνε
Μια μελέτη που διεξήχθη από το Ινστιτούτο Κοινωνικών Ερευνών του Πανεπιστημίου του Μίσιγκαν εξέτασε 1.400 προσπάθειες από καλούντες που προσπαθούσαν να πείσουν τους ανθρώπους να συμμετάσχουν σε μια έρευνα, χρησιμοποιώντας ένα τηλεφώνημα ανά καλούντα και ανά προσπάθεια πειθούς. [24] Τα αποτελέσματα έδειξαν ότι όσοι μιλούσαν πολύ γρήγορα χωρίς παύση δεν κατάφεραν να πείσουν τους άλλους. Οι ερευνητές εξέτασαν την ευχέρεια, τους ρυθμούς ομιλίας και τον τόνο των καλούντων όταν προσπαθούσαν να πείσουν τους άλλους. Οι επιτυχημένοι πείθοντες περιλάμβαναν άτομα που μιλούσαν με περίπου 3,5 λέξεις το δευτερόλεπτο -- μια μέτρια ταχύτητα όταν πείθονταν άλλοι. [26]

Κάντε τις σωστές παύσεις
Για μέγιστη επιρροή όταν προσπαθείτε να επηρεάσετε κάποιον, τέσσερις ή πέντε παύσεις ανά λεπτό είναι ιδανικές όταν προσπαθείτε να επηρεάσετε κάποιον. Αυτές οι παύσεις επιτρέπουν στο άλλο άτομο να εξετάσει το μήνυμά σας πριν απαντήσει και να δείξει το σεβασμό σας για τις σκέψεις και τις πεποιθήσεις του, ενώ δεν φοβάται να αφήσει τις απόψεις του για τα ευρήματά σας να αναπτυχθούν με την πάροδο του χρόνου - αυξάνοντας έτσι την εμπιστοσύνη μεταξύ εσάς και εκείνου.

Η προσωδία (το άγχος, ο τονισμός της ομιλίας και ο ρυθμός) είναι αναπόσπαστο στοιχείο της αποτελεσματικής απόδοσης του λόγου, αλλά η υπερβολική προσωδία μπορεί να έχει μπούμερανγκ και άσχημα. Αυτό που λέμε μπορεί να γίνει αντιληπτό διαφορετικά ανάλογα με την έκδοσή του - επομένως, χρησιμοποιώντας τον τόνο και το ρυθμό κατάλληλα, βεβαιωθείτε ότι αυτό που λέτε μεταφέρεται ακριβώς όπως θέλετε. πάρα πολλά μπορεί να αφήσουν ένα αναξιόπιστο κοινό στα χέρια του. προσπαθήστε να μην ακούγεται κινούμενος όταν δημιουργείτε προτάσεις.

Χρησιμοποιήστε μοτίβα ομιλίας για επιτυχία

Υπάρχουν διαφορετικά μοτίβα ομιλίας που μπορεί κανείς να χρησιμοποιήσει ανάλογα με τους στόχους του όταν μιλά δημόσια, με διαφορετικές επιλογές που επηρεάζουν το πόσο επιτυχημένο θα παραδοθεί το μήνυμά του. Ακολουθούν ορισμένα δημοφιλή μοτίβα ομιλίας δημοσίων ομιλητών κατά τη δημιουργία ομιλιών.

Τοπική ή λογική προσέγγιση: Όταν μεταφέρετε πολλαπλές ιδέες που σχετίζονται, η οργάνωση των πληροφοριών λογικά ώστε να ρέει από θέμα σε θέμα χωρίς να φαίνεται σαν να μεταπηδάτε μεταξύ θεμάτων χωρίς να παρέχετε πειστικά επιχειρήματα είναι συχνά η καλύτερη προσέγγιση.

Χρονολογική: Η χρονολογική οργάνωση πληροφοριών λειτουργεί καλύτερα όταν τα δεδομένα πρέπει να ακολουθήσουν μια ομαλή εξέλιξη, όπως η αφήγηση μιας ιστορίας. Εάν θέλετε να μιλήσετε για το αποτέλεσμα ενός έργου, για παράδειγμα, τότε η διάρθρωση των γεγονότων με χρονολογική σειρά για μεγαλύτερη σαφήνεια θα προσφέρει μεγαλύτερο όφελος.

Αιτία και αποτέλεσμα: Όπως υποδηλώνει το όνομά της, αυτές οι πληροφορίες θα παρουσιάζονται χρησιμοποιώντας σχέσεις αιτίου-αποτελέσματος. Για παράδειγμα, όταν συζητάμε θέματα στην εργασία, ξεκινώντας εξηγώντας την αιτία του και στη συνέχεια περιγράφοντας πώς έχει αντίκτυπο στην παραγωγικότητα θα μπορούσε να χρησιμεύσει ως αποτέλεσμα.

Πρόβλημα και λύση: Παρόμοια με την αιτία και το αποτέλεσμα, το πρόβλημα και η λύση χρησιμοποιούνται ως αποτελεσματικά μέσα για να πειστούν άλλοι να λάβουν τις απαραίτητες ενέργειες για την επίλυση συγκεκριμένων ζητημάτων. Είναι μια αποτελεσματική μέθοδος για να πειστούν οι ακροατές για το πώς να προσεγγίσουν καλύτερα την επίλυση κάθε δεδομένης πρόκλησης ή εμποδίου.

Τα μοτίβα ομιλίας μπορούν να βοηθήσουν στην καθαρή επικοινωνία ιδεών και σκέψεων. Οι άνθρωποι απολαμβάνουν να ακούν οικεία μοτίβα που αναγνωρίζουν και τείνουν να αποδέχονται πιο εύκολα. Οι αποπροσανατολισμένες πληροφορίες συχνά οδηγούν σε δυσπιστία μεταξύ των εμπλεκομένων μερών, επομένως η επένδυση χρόνου στον τρόπο παράδοσης του μηνύματός σας θα αυξήσει τόσο την αξιοπιστία όσο και την επιρροή στους ανθρώπους.

Η χρήση ενός αποτελεσματικού μοτίβου ομιλίας είναι το κλειδί για την παροχή πληροφοριών με εύπεπτο τρόπο και την αύξηση της επιρροής σας σε κάποιον. Ο στόχος σας θα σας δει ως ένα έγκυρο και λογικό άτομο που θα μπορούν να εμπιστεύονται περισσότερο και να ανοιχτούν πιο ελεύθερα για τις ιδέες και τα συναισθήματά τους.

Συχνά δημιουργούμε ισχυρούς δεσμούς με κάποιον που βασίζεται αποκλειστικά στο πώς μας κάνει να νιώθουμε. «Δεν ξέρω γιατί σου τα είπα όλα αυτά· συνήθως είμαι λιγότερο ανοιχτός.

Τι ακριβώς είναι το "vibe" και πώς μπορεί να με βοηθήσει να συνδεθώ με κάποιον; Με απλά λόγια, το vibe είναι απλά καλή ενέργεια που μπορεί να έχει θετική επιρροή. Δεν χρειάζεται να δίνετε επιβεβαιώσεις ή να γνέφετε ανεξέλεγκτα. το μόνο που χρειάζεται για να συνδεθείτε είναι καλή ατμόσφαιρα όπου κι αν πάτε!

Απλώς ρωτήστε οποιονδήποτε παρακινητικό ομιλητή ή γκουρού προσωπικής ανάπτυξης και θα συνιστούσε να περιβάλλετε τον εαυτό σας με θετικές επιβεβαιώσεις σχετικά με τους στόχους σας. Αν και μπορεί να ακούγεται περιττό στην αρχή, η θετική ενέργεια σύντομα διαρρέει και μας επηρεάζει όλους με τον ένα ή τον άλλο τρόπο!

Αυτή ακριβώς είναι η επίδραση που έχει η θετική ενέργεια ή η ατμόσφαιρα στους άλλους ανθρώπους. Γνωρίζοντας ότι κάποιος αποδέχεται τις ιδέες του χωρίς κριτική, του επιτρέπει να ανοιχτεί σε εσάς χωρίς αμφιβολία, δίνοντάς σας πρόσβαση στο μυαλό του χωρίς να τεθούν ερωτήσεις! Όλα αυτά γίνονται δυνατά όταν οι άνθρωποι γύρω τους φέρνουν θετική ενέργεια μαζί τους - η καλή ενέργεια δεν μπορεί να προσποιηθεί, μπορεί μόνο να εντοπιστεί. Οι θετικές στάσεις εξαπλώνονται γρήγορα - σε όλους αρέσει να μιλάνε με ανθρώπους που βλέπουν πάντα τη θετική πλευρά! Και με αυτές τις συμβουλές και στρατηγικές για να χτίσετε αυτήν τη θετική ατμόσφαιρα γύρω σας:

Συνεχίστε να κοιτάτε στη φωτεινή πλευρά

Όπως λένε, οι απαντήσεις σας σε αυτό που σας συμβαίνει καθορίζουν την έκβασή τους. Αντί να θρηνείτε γιατί κάποιος σας είναι βαρετός, χρησιμοποιήστε αυτήν την ευκαιρία για να εξερευνήσετε τρόπους με τους οποίους μπορεί να σκέφτονται διαφορετικά από εσάς και να δημιουργήσετε ουσιαστικές αλληλεπιδράσεις. Το να εστιάσετε αρνητικά θα έβγαζε μόνο περισσότερη αρνητικότητα από εσάς που οι άλλοι θα αναγνώριζαν αμέσως.

Αν δεν το νιώθεις, μην το προσποιηθείς

Το να λες ότι αγαπάς τα σκυλιά μπορεί να γίνει κούφιο. να είστε αρκετά ανοιχτόμυαλοι ώστε να αποδέχεστε διαφορετικές απόψεις χωρίς να επιβάλλετε συμφωνία στους άλλους. Όταν οι άνθρωποι συνειδητοποιήσουν ότι αποδέχεστε το δικαίωμά τους σε μια αντίθετη άποψη αντί να προσποιείστε ότι σας αρέσει ή συμφωνείτε, η απάντησή σας θα συναντήσει πολύ πιο θετική και ευπρόσδεκτη από αυτές τις διαφορές.

Εξάσκηση στην Ευγνωμοσύνη

Αναρωτιέστε πώς η ευγνωμοσύνη μπορεί να βελτιώσει τις σχέσεις; Ξεκινώντας και τελειώνοντας κάθε μέρα είμαστε ευγνώμονες για όλα όσα μας προσφέρει η ζωή και τιμώντας αυτούς που συναντάτε σε καθημερινή βάση, όπως αρχηγούς ομάδας ή αδέρφια, με το να θυμάστε να τους εκφράζετε την εκτίμησή σας κάθε φορά που αλληλεπιδράτε. Η καθημερινή σας πρακτική να είστε ευγνώμονες θα μπορούσε να φέρει θετική ενέργεια μαζί της όταν αλληλεπιδράτε μαζί τους!

Αποκαλύψτε την αρνητικότητα

Δυστυχώς, όλοι μπορούμε μερικές φορές να βιώσουμε μια συσσώρευση αρνητικών σκέψεων χωρίς να το καταλάβουμε. Αυτό ισχύει ιδιαίτερα όταν συνδέουμε ορισμένα άτομα με αρνητικές αναμνήσεις. Για παράδειγμα, εάν κάποιος έκανε ένα προσβλητικό σχόλιο την τελευταία φορά που αλληλεπιδράσατε μαζί του, μπορεί να φέρει δυσάρεστες αναμνήσεις που παραμένουν πολύ καιρό μετά τη διακοπή της αλληλεπίδρασης. Δοκιμάστε να αντικαταστήσετε τις αρνητικές αναμνήσεις με πιο αισιόδοξες για να δημιουργήσετε ένα αισιόδοξο περιβάλλον.

Ο διαλογισμός προσφέρει σε όλους μας μια ανεκτίμητη ευκαιρία να χαλαρώσουμε, να χαλαρώσουμε και να αισθανθούμε προσγειωμένοι. Ο διαλογισμός σας δίνει έναν υπέροχο τρόπο να απελευθερώσετε οποιαδήποτε αρνητική ενέργεια γύρω σας και να αξιολογήσετε τον αντίκτυπο που έχουν οι πράξεις σας σε όσους βρίσκονται στη σφαίρα επιρροής σας. Επιπλέον, η άσκηση διαλογιστικών πρακτικών όπως η επίγνωση ή η πνευματικότητα θα μπορούσε να εμβαθύνει τις συνδέσεις με τον εσωτερικό εαυτό του και να ενισχύσει τη βαθύτερη ειρήνη.

Η φύση έχει θεραπευτικές δυνάμεις

Το να είσαι σε εξωτερικό χώρο έχει τρομερές θεραπευτικές ιδιότητες! Περιτριγυρισμένοι από κύματα του ωκεανού, η θέα στις κορυφές του βουνού ή οι ήχοι από τις όχθες του ποταμού μπορούν να κάνουν θαύματα βοηθώντας μας να χαλαρώσουμε και να θεραπευθούμε εκ των έσω. Το να περνάμε χρόνο έξω έχει αποδειχτεί αποτελεσματικό στο να κάνει τους ανθρώπους λιγότερο πικραμένους και πιο θετικούς - το να κάνουμε ένα τόσο απαραίτητο διάλειμμα, ενώ στοχαζόμαστε και κάνουμε χαλαρά με τον εαυτό μας και ο ένας με τον άλλον είναι απαραίτητο για να διασφαλίσουμε ότι παραμένουμε ευτυχισμένοι άνθρωποι!

Η θετική ενέργεια στις επικοινωνίες σας μπορεί να επηρεάσει τους άλλους και να τους ενθαρρύνει να ανοιχτούν πιο ελεύθερα και να είναι ειλικρινείς στην επικοινωνία τους μαζί σας. Ο φόβος των κρίσεων, των απογοητεύσεων ή του θυμού μπορεί να κάνει τους ανθρώπους να απομακρυνθούν ή να πουν ψέματα για να αποφύγουν να φανούν εχθρικοί. Η παροχή μιας άνετης ατμόσφαιρας και καλής ενέργειας βοηθά τους ανθρώπους να χαλαρώσουν, ώστε να μπορούν να επαναξιολογήσουν τον τρόπο που σας αντιλαμβάνονται καθώς και πόσο από τον εαυτό τους αποκαλύπτουν μέσω της συζήτησης.

Πώς μπορεί κανείς να διαβάσει το μυαλό κάποιου όταν επικοινωνεί μέσω προσεκτικά κατασκευασμένων email ή τηλεφωνικών συνομιλιών; Ή να εντοπίσετε πότε κάποιος λέει ψέματα ενώ μιλάει στο τηλέφωνο; Ομοίως, πώς μπορείτε να ερμηνεύσετε την επικοινωνία μεταξύ των γραμμών όπως το WhatsApp που βασίζεται σε μεγάλο βαθμό σε επιλεγμένα "emoji";

Η ψηφιακή επικοινωνία μας προσφέρει πολλά οφέλη. μπορούμε να προσεγγίσουμε ανθρώπους σε όλο τον κόσμο χωρίς να αφήνουμε τους καναπέδες μας, ενώ ταυτόχρονα οι περιορισμοί του μπορούν να περιορίσουν την αποτελεσματικότητα της σύνδεσης. Ωστόσο, με την πρόοδο στην ανάπτυξη μετά τον Covid, μάθαμε πώς να συνδεόμαστε πιο αποτελεσματικά. Οι μαθητές βρέθηκαν πιο προσεκτικοί στα διαδικτυακά μαθήματα από ό,τι στα μαθήματα της τάξης, αφού δεν μπορούσαν να ακολουθήσουν το βλέμμα του δασκάλου τους - χωρίς να ξέρουν ποιον παρακολουθούσε στην οθόνη του υπολογιστή τους! Ωστόσο, η τεχνολογία έχει ακόμη δρόμο να διανύσει για να μπορέσει να ταιριάξει με την ανθρώπινη ζεστασιά και την οικειότητα της ανθρώπινης επαφής ένας προς έναν.

Το να αποκαλύψεις κάποιον μπορεί να είναι δύσκολο όταν δεν έχεις την πλήρη προσοχή του. ύπνος, φαγητό ή σε πλήθος. Στις περισσότερες περιπτώσεις, δεν θα γνωρίζετε καν εάν το ηχείο τους είναι ενεργοποιημένο κατά τη διάρκεια βιντεοκλήσεων ή διαβάζοντας πλήρη κείμενα πριν απαντήσετε - δυσκολεύοντας την κατανόηση των ατόμων σε αυτές τις ψηφιακές πλατφόρμες. Ωστόσο, υπάρχουν τεχνικές που μπορείτε να χρησιμοποιήσετε για να ερμηνεύσετε με ακρίβεια αυτό που κάποιος προσπαθεί να επικοινωνήσει.

Ακούστε, μπορεί να το έχω αναφέρει πολλές φορές ήδη, αλλά η εκτόξευση κριτικής και σύγκρουσης στον κυβερνοχώρο μπορεί να είναι ευκολότερη από την απευθείας επικοινωνία με κάποιον. Αν και οι διαφωνίες σας μπορεί να μην φαίνονται τόσο σοβαρές όταν γίνονται μέσω μηνυμάτων κειμένου, εξακολουθούν να περιορίζουν την ικανότητά μας να ακούμε, να διαβάζουμε ή να καταλαβαίνουμε ο ένας τον άλλον.

Προσέξτε για δείκτες

Ανεξάρτητα από το πού μπορεί να βρίσκεται ένα άτομο, ο τόνος, η επιλογή των λέξεων και το περιβάλλον του μπορούν όλα να γίνουν δείκτες για το πώς λειτουργεί το μυαλό του. Για παράδειγμα, πόσο χρόνο χρειάζεται κάποιος για να απαντήσει στα email; Ή απαντάτε γρήγορα μέσω κειμένου; Ή μήπως η φωνή τους έχει κάποια αίσθηση επείγοντος; Δίνοντας μόνο λίγη προσοχή μπορεί να μας δώσει ανεκτίμητες πληροφορίες για αυτούς!

Διατηρήστε μια βαθμονομημένη προσέγγιση

Οι άνθρωποι μπορεί να είναι δύσκολο να διαβάσουν πρόσωπο με πρόσωπο και ακόμη περισσότερο στην οθόνη, γεγονός που καθιστά ακόμη πιο δύσκολη την εσφαλμένη ανάγνωση του τόνου, την επιλογή των λέξεων ή τις παύσεις τους. Ενδέχεται να παρερμηνεύσουμε το κείμενό τους όταν διατίθενται περιορισμένοι δείκτες. Η επικοινωνία πρόσωπο με πρόσωπο μάς επιτρέπει να καθιερώσουμε μια ακριβή απεικόνιση ενός ατόμου με βάση πολλές πτυχές, όπως οι εκφράσεις του προσώπου, η γλώσσα του σώματος και η συνολική "αύξηση". Καθώς επικοινωνείτε μέσω τηλεφώνου ή μέσω κειμένου με άλλους, βεβαιωθείτε ότι δεν βιάζεστε να βγάλετε οριστικά συμπεράσματα με περιορισμένα δεδομένα. Δώστε προσοχή σε αυτά που λέγονται και κάντε ερωτήσεις όταν χρειάζεται για σαφήνεια. Εάν προκύψουν υποθέσεις κατά τη διάρκεια της συνομιλίας, αναρωτηθείτε εάν υπάρχουν αρκετά διαθέσιμα δεδομένα για να κάνετε ακριβείς παρατηρήσεις.

Πώς μπορώ να εντοπίσω έναν ψεύτη μέσω τηλεφώνου ή SMS

Η ανίχνευση ψέματος απαιτεί έντονες παρατηρητικές δεξιότητες. αλλά με πολλά από τα συνηθισμένα ενδεικτικά να απουσιάζουν σε μια συνομιλία κειμένου SMS ή email, οι ανιχνευτές ψεύδους παρέχουν αρκετά δεδομένα που επιτρέπουν τον ακριβή εντοπισμό σε αυτές τις ψηφιακές πλατφόρμες. Ακολουθούν μερικές ενδείξεις ότι κάποιος σας λέει ψέματα γραπτώς:

Κάποιος που λέει ψέματα μπορεί να φαίνεται αποδιοργανωμένος και δύσκολο να εντοπιστεί με μια ιστορία, αλλάζει συνεχώς θέματα σε μια προσπάθεια να συγκαλύψει ή να συγκαλύψει την αλήθεια. Μπορεί να προσπαθήσουν να περιπλέξουν υπερβολικά τα πράγματα ή να κάνουν ψευδείς ισχυρισμούς που δεν αθροίζονται. Ένας τρόπος ανίχνευσης αυτών των μηνυμάτων μέσω μηνυμάτων κειμένου θα μπορούσε να είναι η αναζήτηση μεγάλων παραγράφων κειμένου που δεν παρέχουν σαφήνεια σχετικά με ένα θέμα στο πλαίσιο. αν ήταν η αλήθεια δεν θα χρειαζόταν να το ξαναδιαβάσεις για να καταλάβεις τι πραγματικά είχε συμβεί.

Δίνουν υπερβολική έμφαση σε περιττές πληροφορίες ή αποφεύγουν να απαντούν σε συγκεκριμένες ερωτήσεις

Εάν κάποιος σας κάνει μια ερώτηση που απαιτεί άμεση απάντηση, θα μπορούσατε πάντα να αποφύγετε να απαντήσετε αρνούμενοι. Ας πούμε, για παράδειγμα, ότι ρωτήσατε τον σύντροφό σας πού ήταν, αλλά δεν λάβατε καμία απάντηση. Τέσσερις ώρες αργότερα, σας στέλνουν μήνυμα για να σας εξηγήσουν ότι η μπαταρία τους είχε πέσει, αλλά εξακολουθούν να σας λένε πού βρίσκονται εκείνη τη στιγμή - αυτό συνιστά ψέματα από παράλειψη, καθώς λένε την αλήθεια εκείνη τη στιγμή, αλλά επιλέγουν να μην απαντήσουν όταν έγινε για πρώτη φορά η έρευνα. Επιπλέον, μπορεί να προσπαθήσουν να δώσουν υπερβολικά περίπλοκες απαντήσεις για να προσπαθήσουν να αποφύγουν να απαντήσουν άμεσα και να εκτροχιάσουν εντελώς τη συζήτηση.

Κανείς δεν ανταποκρίνεται

Πέρασαν οι μέρες που η αποστολή ενός μηνύματος ήταν σαν να πετάς πέτρες σε έναν ωκεανό χωρίς να ξέρεις πότε ή αν θα έφτανε στον παραλήπτη του. Τώρα ξέρουμε ακριβώς πότε έφτασε το μήνυμά μας, πότε προβλήθηκε και αν είναι "online" ή όχι. Οι περισσότερες εφαρμογές ανταλλαγής μηνυμάτων εμφανίζουν μια έλλειψη (...) όταν κάποιος πληκτρολογεί την απάντησή του, ώστε να ξέρουμε να περιμένουμε μια ανά δευτερόλεπτο!

Πάρα πολλές πληροφορίες Οι άνθρωποι τείνουν να προσφέρουν εξηγήσεις. Έφαγες το σάντουιτς του συναδέλφου σου στη δουλειά; Οι πιθανότητες είναι ότι θα προσφέρατε μια εξήγηση, πιθανώς για δεκαπέντε λεπτά, για το γιατί συνέβη αυτό. Ομοίως, όταν λέμε ψέματα, τείνουμε να χρησιμοποιούμε υπερβολή στις απαντήσεις μας για να κρύψουμε αυτό που θέλουμε να πιστεύουν οι άνθρωποι ότι συμβαίνει. Μερικά άτομα δημιουργούν τακτικά μεγάλα κείμενα, αλλά αν οι απαντήσεις γίνονται ασυνήθιστα μακροσκελείς, τότε αυτό θα μπορούσε να είναι απόδειξη ότι παρέχουν εξηγήσεις σχετικά με μια πληροφορία που αποφάσισαν να μην αποκαλύψουν.

Φανταστείτε να εμπλακείτε σε μια διαφωνία κειμένου όπου και τα δύο μέρη εκθέτουν τις αντίστοιχες πλευρές τους, χτίζοντας μακροσκελείς απαντήσεις μέχρι να θέσετε μια ερώτηση και η συζήτηση να μετατοπιστεί απότομα από μια απάντηση σε άλλο θέμα. Σε μια τέτοια περίπτωση, η προσπάθειά τους να είναι απασχολημένοι θα μπορούσε να υποδηλώνει την πρόθεσή τους να κόψουν αυτό το νήμα συνομιλίας και να προχωρήσουν σε κάτι εντελώς άλλο.

«Πήγες στο σπίτι της αφού σου ζήτησα να μην το κάνεις;»

Κοίταξε ξαφνιασμένη. Είναι εκπληκτικό το πόσο λίγη εμπιστοσύνη υπάρχει μεταξύ μας! Δυστυχώς δεν έχω χρόνο για αυτό τώρα καθώς υπάρχει πλύσιμο ρούχων. να σου μιλήσω αργότερα... Αντίο».

Εδώ τα έχετε όλα - όλα τα απαραίτητα εργαλεία για την κατανόηση των ανθρώπων. Με τον οδηγό σας για τους ανθρώπους ανά χείρας, θα σας επιτρέψει να αποκτήσετε μια εις βάθος γνώση για το γιατί οι άνθρωποι μιλούν όπως κάνουν, συμπεριφέρονται με συγκεκριμένους τρόπους και λένε αυτό που λένε - από χαρακτηριστικά προσωπικότητας και στυλ επικοινωνίας μέχρι παράγοντες επιρροής που τους διαμορφώνουν. όλη αυτή η γνώση είναι στα χέρια σας, αλλά η κατανόηση κάποιου μπορεί να απαιτεί ακόμα χρόνο, προσπάθεια και λίγη εικασία!

Ο νους είναι μια περίπλοκη δομή και για να την αποκρυπτογραφήσει κάποιος πρέπει να συνεχίσει να κατανοεί την πολυπλοκότητά του. Ακόμη και αφού γνωρίζεις κάποιον για χρόνια, μικρές συγκρούσεις ή διαφωνίες μπορεί να κάνουν πιο δύσκολο να ακούς αντικειμενικά αυτά που λένε.

Συχνά, λοιπόν, τονίζω τη σημασία της εξάσκησης και της παρατήρησης όταν πρόκειται για την κατανόηση των ανθρώπων. Πρέπει να ασκείτε έλεγχο στις σκέψεις σας, ενώ παράλληλα να επιδεικνύετε μεγάλη προσαρμοστικότητα όταν διαβάζετε τις πεποιθήσεις και τα στυλ επικοινωνίας άλλων ανθρώπων, προκειμένου να ερμηνεύσετε σωστά τα λόγια τους. Εδώ είναι ένα περίγραμμα και μια υπενθύμιση όλων όσων πρέπει να φέρνετε κάθε φορά που σκοπεύετε να κατανοήσετε κάποιον και να ξεμπερδέψετε την πολυπλοκότητα της ανείπωτης γλώσσας του.

Να είστε διανοητικά έτοιμοι να διαβάσετε ανθρώπους
Κάθε φορά που συνομιλείτε με έναν άλλον, κάντε μια απογραφή του εαυτού σας. Ρωτήστε τον εαυτό σας μερικές βασικές ερωτήσεις όπως, * Έχω ήδη σχηματίσει γνώμη για αυτές; ή >> Υπάρχουν προκαταλήψεις και προκαταλήψεις που πρέπει να προσέχω;
* Είμαι διανοητικά και συναισθηματικά ικανός να προσπαθήσω να καταλάβω κάποιον; * Ποιες πτυχές πρέπει να λαμβάνονται υπόψη όταν προσπαθείτε να διαβάσετε κάποιον;
*Ποιοι εξωτερικοί παράγοντες θα μπορούσαν ενδεχομένως να επηρεάσουν την κρίση μου; Η έρευνα με αυτόν τον τρόπο θα σας επιτρέψει να προσεγγίσετε τους άλλους χωρίς προκατάληψη ή κρίση. Για να παρατηρήσετε τους ανθρώπους από κοντά, να είστε προσεκτικοί - απελευθερώστε το μυαλό σας από άλλες εργασίες και σκέψεις, ώστε να επικεντρωθείτε στην παρατήρηση εκείνων που σας ενδιαφέρουν χωρίς να τις θεωρείτε δεδομένες - παρακολουθήστε τη γλώσσα του σώματός τους, τις εκφράσεις του προσώπου και τις λέξεις τους προσεκτικά ακούγοντας προσεκτικά και χωρίς προκατάληψη.

Αφιερώστε χρόνο μελετώντας ανθρώπους Η μαεστρία οποιασδήποτε τέχνης απαιτεί χρόνο και αφοσίωση. Η ανάγνωση ανθρώπων απαιτεί συνεχή μελέτη προκειμένου να γίνουν ακριβείς εκτιμήσεις για άτομα από διαφορετικά υπόβαθρα. Για να γίνει αυτό σωστά, χρειάζεται να παρατηρήσει κανείς πολλά άτομα από διαφορετικές προσωπικότητες σε όλη την κοινωνία, προκειμένου να σχηματίσει ακριβείς κρίσεις για αυτά. Η ανάγνωση ανθρώπων πρέπει να προσεγγίζεται ολιστικά. Αν και θα ήταν ωραίο να καταλάβετε τι σκέφτεται το αφεντικό σας ή τι μήνυμα προσπαθεί να στείλει ο σύντροφός σας σε όλο το δωμάτιο, για να γίνει αυτό σωστά απαιτείται κατανόηση των προτύπων, των συμπεριφορών και των κινήτρων σε όλους με τους οποίους έρχεστε σε επαφή. Για αυτήν την εργασία, είναι απαραίτητο να μπορούμε να αναγνωρίζουμε αυτά τα μοτίβα παρατηρώντας πολλά άτομα. Λάβετε υπόψη αυτήν την ικανότητα όταν συναλλάσσεστε με δημόσιους μετακινούμενους ή όταν συνομιλείτε με πωλητές σε πολυκαταστήματα ή ακόμα και με κομμωτήρια.

Η εξάσκηση κάνει τέλεια, καθώς όσο πιο συχνά εντοπίζετε και εντοπίζετε άτομα διαφορετικών τύπων προσωπικότητας και στυλ συνομιλίας για να μεταφέρετε τα μηνύματά τους αποτελεσματικά. Επιπλέον, η εξάσκηση θα σας επιτρέψει να αφήσετε τις προκαταλήψεις και τις προκαταλήψεις και να παρατηρήσετε τους ανθρώπους χωρίς να κάνετε βιαστικές κρίσεις για τον χαρακτήρα ή την κατάσταση της ζωής τους. Οι δεξιότητες ανάγνωσης των ανθρώπων είναι ένα απαραίτητο πλεονέκτημα για την προσωπική και επαγγελματική ανάπτυξη, βοηθώντας σας να κατανοήσετε καλύτερα τους ανθρώπους και τα κίνητρά τους. Αναγνωρίζοντας ότι η ένταση κάποιου μπορεί να μην προκαλείται από επιθετική ομιλία, αλλά από τη συμβίωση με έναν ηλικιωμένο παππού και γιαγιά με απώλεια ακοής, μπορεί να σας δώσει νέα προοπτική. Ακούγοντας προσεκτικά όταν μιλούν οι άνθρωποι και θέτοντας σχετικές ερωτήσεις για αυτούς και δείχνοντας ενδιαφέρον για τις ιστορίες τους, θα σας βοηθήσει να δημιουργήσετε ουσιαστικές σχέσεις τόσο επαγγελματικά όσο και προσωπικά. Αφιερώνοντας χρόνο για να γνωρίσετε τους ανθρώπους θα αποφέρει μερίσματα τόσο στη δουλειά όσο και εκτός αυτής!

Η υπομονή και η προσοχή είναι πάντα απαραίτητα
Το να μάθετε πώς να πλέκετε μπορεί να είναι τρομακτικό. Η εξάσκηση κάνει τέλεια, όπως και οι αμέτρητες απόπειρες πλεξίματος κουβέρτες μέχρι να τελειοποιηθεί κάθε κόμπος - αλλά από τη στιγμή που έρχεται στο επίκεντρο το πραγματικό έργο της ύφανσης κάθε κόμπου, συνειδητοποιείτε πλήρως όλη την υπομονή, την προσοχή και την αφοσίωση που απαιτείται για να φτιάξετε ένα δείγμα ύφασμα μετά το άλλο. Με παρόμοιο τρόπο, το να δίνετε μεγάλη προσοχή μπορεί να φαίνεται εύκολο στη θεωρία, αλλά μερικές φορές δύσκολο όταν αντιμετωπίζετε την επικοινωνία με άτομα με τα οποία διαφωνείτε έντονα ή όταν παρατηρείτε τη γλώσσα του σώματος κάποιου που δεν σας ενδιαφέρει - και οι δύο εργασίες απαιτούν εξάσκηση αν θέλουν αποτελέσματα σε σωστά αποτελέσματα!

Η υπομονή και η προσοχή μπορούν να σας βοηθήσουν να ξεπεράσετε αυτήν την πρόκληση και να αποκτήσετε εμπειρία γνωρίζοντας και κατανοώντας τους ανθρώπους από διαφορετικές οπτικές γωνίες. Μόνο όταν ακούτε υπομονετικά προσεκτικά κάποιον με τον οποίο διαφωνείτε, θα μάθετε πώς να παρατηρείτε και να διαβάζετε ανθρώπους πέρα από προσωπικούς περιορισμούς.

Να είστε αυθεντικοί και ευάλωτοι Κρατήστε νοητικές σημειώσεις όταν βλέπετε κάποιον να γίνεται μακρινός κατά τη διάρκεια της συνομιλίας. Οι άνθρωποι μπορούν να εντοπίσουν την εχθρότητα και τις κρίσεις γρήγορα. ξέρουν πότε κάποιος προσπαθεί να περπατήσει πάνω σε τσόφλια αυγών γύρω τους. Μην περιμένετε κάποιος να σας ανοιχτεί καθισμένος πίσω από μια καμπαρντίνα με μεγεθυντικό φακό, ενώ προσπαθεί να είναι επίσημος ή ψυχρός απέναντί του. για να σου ανοιχτεί κάποιος, πρέπει να νιώθει αρκετά ασφαλής στο να σου ανοιχτεί ελεύθερα και με ασφάλεια.

Να είστε ανοιχτόμυαλοι όταν κάνετε τις κρίσεις σας

Αυτό έχει καλυφθεί αρκετά συχνά, καθώς το να κάνετε γρήγορες κρίσεις και εκτιμήσεις για άτομα με βάση μεροληψίες και προκαταλήψεις είναι ο κύριος παράγοντας που συμβάλλει στο να κλείσουν τη λειτουργία τους ή να κάνετε ακατάλληλες αξιολογήσεις βάσει αυτών. Εξασκηθείτε να καθυστερείτε την κρίση ή τα συμπεράσματα όταν παρατηρείτε κάποιον. Να είστε επιφυλακτικοί αν οι αρχικές σας σκέψεις περιλαμβάνουν να πιστεύετε ότι κάποιος που χορεύει στο δρόμο προσπαθεί να τραβήξει την προσοχή - σταματήστε αμέσως εκεί! Για παράδειγμα, εάν φαίνονται αρκετά χαρούμενοι χορεύοντας και πιστεύετε ότι «τους αρέσει να τραβούν την προσοχή», σταματήστε αμέσως τον εαυτό σας προτού καταλήξετε στο τι μπορεί να συμβαίνει - ή πιστεύετε ότι τους αρέσει να τους προσέχουν και να κάνουν υποθέσεις βασισμένες σε υποθέσεις.

Σε αυτό το σημείο, θα πρέπει να είναι προφανές ότι η εκμάθηση της ανάγνωσης ανθρώπων είναι ένα ταξίδι αυτο-ανακάλυψης και αξιολόγησης. το αντιλαμβάνεσαι όταν συνειδητοποιείς ότι έχει να κάνει και με το να αποκαλύψεις περισσότερα για ΕΣΑΣ όσο και για το άλλο άτομο. Κάνοντας αυτό μας βοηθά να αναγνωρίσουμε τους περιορισμούς μέσα μας, ώστε να μπορέσουμε να δημιουργήσουμε βαθύτερες και πιο ουσιαστικές συνδέσεις μεταξύ μας, δίνοντάς μας τελικά μια εικόνα για τα κίνητρα, τις φιλοδοξίες και, κυρίως, τις σκέψεις τους.

Καταλάβετε γιατί είναι η αρχή κάθε ταξιδιού. Ανεξάρτητα από το αν πρόκειται για σχολή επιχειρήσεων, ιατρική σχολή ή νομική σχολή -- όλα ξεκινούν απαντώντας πρώτα σε αυτή τη μία ερώτηση -- γιατί τα πράγματα συμβαίνουν όπως συμβαίνουν. Μόλις απαντηθεί αυτή η ερώτηση, όλα τα άλλα μπαίνουν στη θέση τους οργανικά. Η ανάγνωση ανθρώπων έχει να κάνει με την απάντηση σε αυτήν την ερώτηση για επικοινωνία, και μόλις απαντηθεί μπορεί να ανοίξει κάθε είδους δυνατότητες και να αφαιρέσει εμπόδια προκαταλήψεων και κακής επικοινωνίας. Η κατανόηση κάποιου οδηγεί σε ισχυρότερες σχέσεις. Η εξειδικευμένη επικοινωνία θα σας εξυπηρετήσει καθ' όλη τη διάρκεια των αλληλεπιδράσεων της ζωής. Από το να αρχηγήσετε ένα μέλος της ομάδας ή να πείσετε τους γονείς για τις φιλοδοξίες σας, μέχρι την κατανόηση των κινήτρων και των ιχνών σκέψης ενός άλλου - η γνώση των κινήτρων του στόχου σας δίνει δύναμη για να σας ακουστούν και να σεβαστούν. Τι πλεονέκτημα βρήκατε! Κάθε σελίδα αυτού του βιβλίου ήταν σαν να ανοίγει ένα κουτί γεμάτο μυστήρια που σχετίζονται με την ανθρώπινη συμπεριφορά - μόνο αυτό το βιβλίο παρέχει μόνο ματιές! Οι άνθρωποι δεν τείνουν να εμπίπτουν τακτοποιημένα είτε σε μαύρες είτε σε λευκές κατηγορίες - έρχονται σε κάθε λογής αποχρώσεις! Οι πιθανότητες είναι ότι όσο περνάει η μέρα θα ανακαλύπτετε όλο και περισσότερα για όσους ζουν μαζί σας. Οι αντιδράσεις τους μπορεί να διαφέρουν ανάλογα με τις εμπειρίες της ζωής, τα συναισθήματα και τις περιβαλλοντικές επιρροές - για να τις κατανοήσετε καθ' όλη τη διάρκεια, είναι καλύτερο να παραμένετε ενήμεροι για αυτές τις αλλαγές και να προσαρμοστείτε ανάλογα.

Τώρα λοιπόν είναι πιο εύκολο από ποτέ να αναγνωρίσουμε αυτές τις αλλαγές, από κακές διαθέσεις και αρνητικούς ανθρώπους, μέχρι ψέματα και δυσκολία στην επικοινωνία των συναισθημάτων. Χρησιμοποιήστε το με σύνεση και υπευθυνότητα - ο κόσμος σας χρειάζεται! Χρησιμοποιήστε αυτές τις θεωρίες στη δουλειά και με εκείνες που εκτιμάτε, επειδή τα δέντρα χρειάζονται ακόμα τη θερμότητα του ήλιου και τα θρεπτικά συστατικά σε καλό έδαφος για να επιβιώσουν. Η κατανόηση είναι απαραίτητη για να γίνει κατανοητή και πρέπει να μείνουμε συντονισμένοι με το πώς σκέφτονται οι άνθρωποι, ώστε να μπορούμε και οι δύο να προστατεύσουμε τα συμφέροντά τους ενώ κατανοούμε τα δικά μας. Είθε να χρησιμοποιείτε πάντα το διάβασμα με σύνεση ως τρόπο εμβάθυνσης και καλλιέργειας ουσιαστικών σχέσεων.

ΤΟ ΤΕΛΟΣ